Carnation

カーネーションの文化誌

トゥイグス・ウェイ 著
Twigs Way

竹田 円 訳

花と木の図書館

原書房

［……］は訳者による注記である。

ディアンツス・カリオフィルス、アレクサンダー・マーシャル（1620頃～1682年）、『花譜 the Florilegium』より。

第1章　神の花

喜びの女王、花々の女王、カーネーションとジロフラワーになに言おう。

華麗な姿、豊富な種類、あまい香りがひとつになった。

誰もが心から気に入り、手に入れたいと思うこの花に。

――ジョン・パーキンソン［1567～1650年。イギリスの薬剤師（ハーバリスト）］

『太陽の楽園、地上の楽園 *Paradisi in sole, paradisus terrestris*』（1629年）

女性に次いでもっとも神聖なる被造物、それは花である。
――クリスチャン・ディオール［1905～1957年］
ファッションデザイナー、調香師。

すべては名前からはじまる――ディオス・アンサス *Dios Anthus*。ギリシア語でディオスはオリュンポス山の主神ゼウス、アンサスは花を意味する。つまり、ディオス・アンサスは「神の花」という意味だ。この植物を最初に記録して神の花と命名したのは、哲学者にして博物学者、「植物学の祖」と呼ばれるテオフラストトス（紀元前371頃〜前288年頃）である。時空を超えるカーネーションの旅はここからはじまった。なぜギリシア人は、ほかの花々を差し置いてこのちっぽけな野生のカーネーションを神の花と呼んだのか。いまとなっては推測するしかないが、その後ラテン語の学名が考えられたときも、ほとんど変更はなされず、ディアンツス *Dianthus* という名前が継承された。しかし、おびただしい数にのぼる野生のナデシコ科のどの花をギリシア人が神の花と呼んだのかは誰にもわからないため、いまではディアンツスという呼び名は一般的ではない。現在、この属には、300種以上の植物が含まれていることがわかっている。その仲間は、中央ヨーロッパの山岳地帯に自生する小さな高山性ナデシコから、ノルウェーから日本まで分布する、深く細裂した花弁を広げるのっぽで叢生のディアンツス・スペルブス（*Dianthus superbus*）［和名エゾカワラナデシコ］までじつに幅広い。テオフラストスが観察した野生のカーネーションはディアンツス・シルウェストリス（*Dianthus sylvestoris*）である可能性が高い［シルウェストリスは「野生の」、「森林の」という意味］。背の低い半耐寒性の植物で、細い葉はくすんだ緑色、一重の花の花弁は5枚、薄いピンク色で、現代人にはとくに神々しいとも思えない。[1]自然の開花期は6月から8月なので、華奢で、香りもないこの一重の花は、もっと背が高くてかまびすしい夏の花々の陰に隠れて容易に見過ごされてしまったことだろう。

ギリシアの神ゼウスだけでなく、古代ローマの女神ディアナとカーネーションを結びつける神話もある（ディアナは、ローマ神話でゼウスに相当する神ユピテルの娘。狩猟の女神）。あるとき神々の伝統に倣《なら》い人間に姿を変えて地上を訪れたディアナは、偶然見かけた羊飼いの若者を見初めた。

シデナム・ティースト・エドワーズ、ディアンツス・カリオフィルス、「穂麦とカーネーション」（1813年）水彩画。

ところが女神に言い寄られた若者はこれを断った。相手が人間の女性であれ女神であれ賢明なふるまいではない。ディアナは腹いせに若者の両目をえぐって、大地に投げ捨てた。すると若者の目はたちまち芽吹いて、花を咲かせ、最初の「ナデシコ」になった。こんなに可愛い花なのに、いささかげんなりするエピソードだ。

　現代人の庭や温室でおなじみの「カーネーション」（ディアンツス・カリオフィルス *Dianthus caryophyllus*）の学名の後半部分は、スパイスのクローブ（カロフィルス・アロマティクス *Caryophyllus aromaticus*）に由来している（カーネーション一族の多くはクローブと香りが良く似ている）。「カリCary」は、クローブの実を表す言葉だったが、カーネーション（Dianthus caryophyllus）との混乱を避けるために、植物学者たちは慎重を期して、クローブの学名をエウゲニア・アロマティカ（*Eugenia aromatica*）、次いでシジギウム・アロマティクム（*Syzygium aromaticum*）と改め、カーネーションは取り残された。

　ディアンツスの最古の絵は、悲運に見舞われた古代ローマの町ポンペイで発見された。フレスコの技法で描かれた一重の野生のカーネーションで（おそらくディアンツス・シルウェストリスだろう）、花の上に載ったゴシキヒワの重みで細い茎がしなっている。この絵は、現在は「ファウヌ（牧神）の家」と呼ばれる家の壁を飾っていた。繊細なフレスコ画は、ポンペイを破壊し滅亡させた紀元79年のベスビオ山の大噴火には耐えたものの、数世紀後に発掘されて考古学者たちによって記録されたのち、風雨にさらされて惜しくも消失した。[2]フレスコ画を風化から守ったのと同じ噴火で命を落とした大プリニウス［23～79年］は、人生の大半を自然科学と植物学に捧げ、37巻から成る『自然誌』を著した。『自然誌』にはスペイン南部で栽培されていたナデシコもしくはカーネーションに関する記述があり、プリニウスはその花を「カンタブリカ」と呼んでいる。そのため、16世紀の薬草学者たちが、この花の起源と名前の由来について考察するときの混乱がひとつ増えた。

野生のカーネーション（クローブ・ピンク）は、十字軍の兵士とともにヨーロッパおよびトルコ全域に広まり、フランスやイギリスの城郭の壁に根を下ろした。1874年、植物愛好家のヘンリー・ニコルソン・エラコム（1822～1916年）は、ウィリアム1世（征服王）が産声をあげたファレーズの古城一面に咲き誇る古風なピンク色の花について記録し、温もりを感じさせるクリーム色のカーン石とこの花の長い縁《えにし》に思いをはせた。エラコムは、イギリスのドーバー、ディール、ロチェスター、カーディフにある城の廃墟の石にもナデシコがしっかり根づいている様子を目にし、[3]これらの花は「ノルマン人の大工たちが、故郷のノルマンディーに残してきた家の楽しい思い出として」持ち込んだか、あるいは、城の建築資材とする石といっしょに運び込まれたのだろうと言っている。[4]エラコムは日記に、征服王その人か従者のグスラックが、フランスからこの植物の苗か種子を運んできたのかもしれないと記している。かく言うエラコムも、ファレーズの城から、自分が住むグロスターシャー州ビットンの司祭館の庭に種を持ち帰った。[5]もっと小さなチェダーピンク（ディアンツス・カエシウス *Dianthus caesius*、またの名をディアンツス・グラチアノポリタヌス *D. gratianopolitanus*）も、ビトンにあるエラコムの庭の「南に面した高い壁」にみごとに生い茂った。同じくビットンにある別の家の壁にも、この花が「高さ1・5メートル、幅1メートルを超える美しい絨毯となって」垂れ下がっていたという。[6]ビットンの村の名物になるはるか昔、小さなナ

チェダーピンク、*Dianthus gratianopolitanus*。

デシコ（ただし、どの種類かは記録されていない）は、ロンドンの、ヘンリー・ド・レイシー、リンカーン伯爵［1251頃～1311年］の庭でも目撃されている。ホルボーンにあったレイシーの庭はとても豊かで、邸宅がドミニコ派の修道院だった時代につくられた生け贄《にえ》用の池やワイン用ブドウ畑もあったと言われている。これもまたナデシコの伝来と神とのつながりを伝える初期の記録である。[7]

ディアンツスがヨーロッパ全域にどう広まっていったのか、その足取りを探る道は険しい。というのも、大昔の植物学者たちが、同じ植物にめいめいが考えたあたらしい名前をつけたり、違う種の植物を同じ名前で呼んだりしているからだ。1597年、イギリスの植物学者ジョン・ジェラードは、昔の薬草学者たちの著書で「さまざまなナデシコ」がなんと呼ばれているか、たどってみようとした。それによれば、大プリニウスとイギリス植物学の父ウィリアム・ターナー（1508～1568年）の著書には、カンタブリカ、

灰色がかった緑の葉がカーネーションとナデシコの際立った特徴。

スタクティセ（*Stactice*）、フランドルの植物学者レンベルト・ドドエンスが１５５４年に発表した本草書には、ベトニカ・アルテラ（*Vetonica altera*）およびベトニカ・アルティリス（*Vetonica altilis*）とあり、ジェラードの友人で植物学者のマティアス・デ・ロベルは、スペルバ（*Superba*）と呼んでいた。さらに紛らわしいことに、16世紀末には、カーネーションはナデシコとはっきり区別されていたが、ジェラードによると、昔の植物学者の中にはこのふたつを混同している者がいた。ジェラードの同時代人はこの花をカリオフィルス・フロス（*Caryophyllus flos*）と呼んでいた。のちにこれが訛《なま》って「ガリオフィリウム *gariofilium*」となり、さらに縮まって「ジロフェラ *gilofera*」という呼び名が生まれた。16世紀のドイツの植物学者レオンハルト・フックスの『植物誌 *De historia stirpium*』には、赤と白の花をつけた鉢植えのカーネーションのみごとな木版画がおさめられて、そこには「カリオフィレア *Caryophyllea*」と明記されている。しかしほかの者たちは、この植物は、オクルス・ダマスケヌス（*Oculus damascenus*）あるいはオクルス・バルバリクス（*Oculus barbaricus*）という古代の薬草と同じものだろうと考えていたし、大昔の本に出てくるヘルバ・チュニカ（*Herba tunica*）、すなわちポレモニア（*polemonia*）のことだろうと主張する者もいた。一方、フランス人の医師で植物学者のジャン・リュエル（1474～1537年）は、「古代の人々」はカーネーションをまったく知らなかった、彼らが目にしていたのはもっと小さな近縁種のナデシコだけだと述べている。[8] 今日カーネーションの専門家で著書もあるスティーブン・ベイリーが、「ボーダー・カーネーションの本当の起源は完全に闇に包まれている。何年も文献を調査した結果、あきらかになったのは、事実関係が非常に錯綜しているということだ」と宣言したのも無理はない。[9]

13世紀末、すでにフランスとイギリスに進出を果たしていたナデシコに続いて、カーネーションが南ヨーロッパに伝来したらしい。1270年、神の花は北アフリカ沿岸のチュニスで、灼熱の太陽に焼かれて苦しむルイ9世の軍勢を持ち前の鎮静作用で癒やしたと言われている。[10] 14世紀末、イギリスの詩人チョーサーの『カンタベリー物語』（桝井迪夫訳、岩波文庫）に登場する空想の庭には、「大きなハーブ、小さなハーブ。新鮮なまま、あるいは乾燥させてエールに入れるカンゾウとセテウェール、たくさんのクローエ・ゲロフレ cloue gelofre とナツメグ」が植えられていた。[11] 当時イギリスでカーネーションは「ジロフレ」と呼ばれていたことから、「クローブ・ジロフラワー」、すなわち「ジロフレ」はカーネーションのことと通常は解釈されるが、歴史家の中には、チョーサーの空想の庭にはカンゾウやナツメグなど異国の植物が登場するのだから、著者の念頭にあったのは香りの薄い模造品ではなく本物のクローブだろうと主張する人たちもいる。本が書かれてから

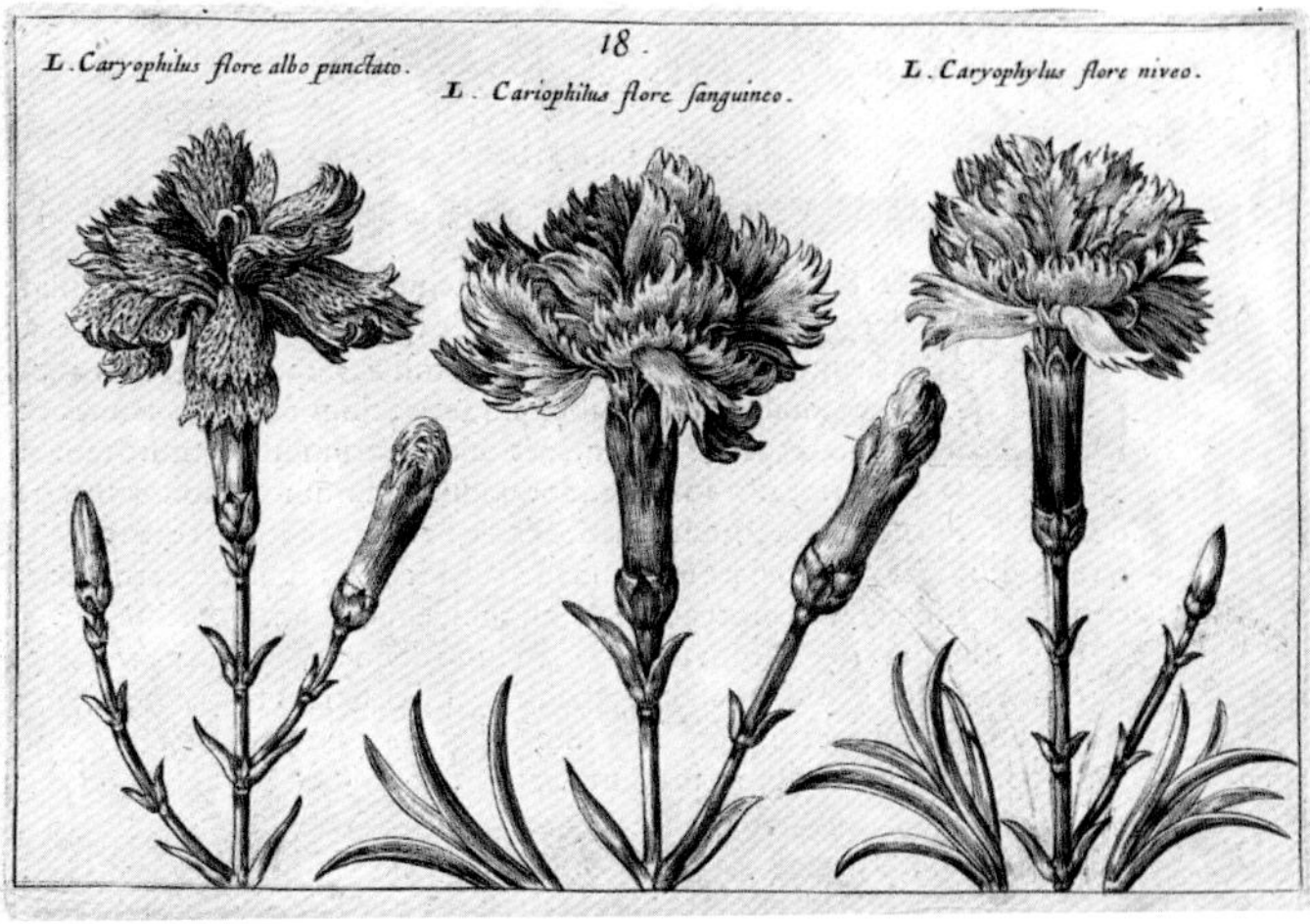

このじつに美しいカーネーションの絵は400年以上前に描かれた。クリスピン・ファン・ドゥ・パス、『花の園』（1614年）より。

600年経ったいまとなっては、詩人の本意をあきらかにするのは難しいので、14世紀にカーネーションがイギリスに伝わっていたかどうかはわからない。[12]「ジリボレ gillyvore」、「ジロフレ gilofre」、「ゲロフレ gelofre」など古い英語の呼び方は、17世紀末には、「ジリフラワー gillyflower」にほぼ統一された。「七月の花（ジュライ・フラワー）」が転訛して「ジリフラワー」になったとよく言われるが、実際にはラテン語の「カロフィルム（クローブ）」が訛った言葉だろう。カーネーションは1460年にはスペインのバレンシア一帯で違う名前で栽培されていた。イタリアでも、1460年に出版されたボッカチオ［1313～1375年］の『テーセウス物語 *La Teseida*』の挿絵に描かれた閉ざされた庭（ホルトゥス・コンクルスス）には、芝生の腰掛け、バラに覆われた格子垣（トレリス）、そしてカーネーションが植えられた境栽花壇（ボーダー）がある。特徴的なピンクと白のディアンツスは、当時イタリアに伝わったばかりで、たいへん珍しく貴重だったので、高貴な人々の住む城の庭園に植えられたのだろう。[13]

1470年代に入ると、フランスで「ウイエ oeillet」という言葉が使われはじめる。やがてウイエはナデシコではなく、純正なカーネーションだけを指す言葉になった。さらに北に目を向けてみよう。フランドルの時禱書《じとうしょ》は、1500年にすでにカーネーションが北ヨーロッパに伝わっていたことを裏付ける、と同時に、カーネーションと神の結びつきをあらためて浮き彫りにしている。この作品の余白に描かれた巨大なカーネーションは、ページの下方まで足を伸ばして、手押し車の上で危なっかしくバランスを取っている。一方、ページの上方には祈りを捧げる人物が描かれている。[14]目も綾なる彩色が施された時禱書は、ヨーロッパの宮廷エリートの篤信の象徴とされ、カーネーションやナデシコとともに各地に伝播していった。花壇から花壇へと移動して、あるいは細密画の世界に描かれることで、カーネーションとナデシコは、キリストの受難や神の愛をさまざまな形で象徴しながら聖書の文言を伝えていった。白いカーネーションは女性の聖人、赤い花は受難、エンドウの花は復活、イチゴの苗は清浄と受難、オダマキは聖霊の象徴だった。宝石で装飾された小さな庭を覗き込めば、当時よくあった格子垣（トレリス）や網細工に強制されて頭花をしゃんと起こした鉢植えのカーネーションの姿が見えるかもしれない。カスティーリャ女王ファナ［1479～1555年］の祈禱書（ヘラルト・ダヴィト画、1498年頃）には、3つの鉢に植えられたカーネーションが、花壇に置かれた網籠の中で直立している。花壇を見下ろす窓辺にはマドンナリリー［和名ニワシロユリ］の鉢が置かれている。[15]カーネーションは、それ自体が神の愛の象徴である、も

フランドルの時禱書より。詩篇第6章、「主よ、怒ってわたしを責めないでください。Domine, ne in furore tuo」。ページの左の隅に描かれているのは「ダビデ王」。ページの縁には手押し車を押す女性、カーネーションなどの花、蝶々が描かれている。

っと華やかで官能的なバラの象徴でもあるかもしれない。1490年、ディルク・ボウツによって、スペインのイサベル1世のために描かれた絵にも、窓辺の鉢や境栽花壇に植えられたナデシコやカーネーションが見える。その絵の中で、聖母マリアと聖人たちは幼子キリストを見守りながらめいめいの時禱書を読んでいる。彼らもまた15世紀の世界の住人なのだ。[16]

ルネサンスの巨匠、ラファエロ・サンツィア・ダ・ウルビーノ（通称ラファエロ）の「カーネーションの聖母」（1506～1507年頃）に登場する小さくて無邪気なナデシコは非常に有名だ。初々しい聖母マリアは片手に小さなカーネーション［ナデシコ］の花束を持ち、幼いキリストは母親の膝の上で機嫌良く2本のカーネーションを手にしている。ナデシコが描かれているのは、神にあやかった名前のためだけでなく、当時すでにこの花が、さまざまなキリスト教の象徴性を帯びるようになっていたからだろう（ラファエロの絵に描かれているのはおそらく矮性のディアンツス・プルマリウス *Dianthus plumarius* だ）。ディアンツスの繊細なピンク色の花は――どの種類かは誰にもわからない――聖母マリアの涙が十字架の足下にこぼれた場所から芽を出したと言われている。こうしてピンクのナデシコは、母の愛、そしてキリストの十字架の死の象徴となっていった。[17]イースターの季節にナデシコは（時代が下ってからはカーネーションも）、マリアの愛の象徴として教会を彩るようになった。花びらが撒かれることもあれば、神の母である聖母マリアの肖像の下に小さな花束が捧げられることもある。母の愛との結びつきは現代にも受け継がれており、アメリカでは母の日にカーネーションを母親に贈る習慣がある。また母の日のカードにはカーネーションをモチーフにしたものが多い。絵画には、ディアンツスを手にした聖母マリアやキリストがしばしば登

ヴィットーレ・カルパッチョ、「聖ウルスラの夢」（1495年）の細部、テンペラ画、キャンバス。

場する。ラファエロが描いたような、聖母とカーネーションの組み合わせは15世紀にはけっして珍しくなかった。アンドレア・マンテーニャが描いた「勝利の聖母」（1496年、ルーヴル美術館所蔵）でも、母親に抱かれた幼子キリストが手に2本のカーネーションを握りしめている。2本のカーネーションは神であると同時に人でもあるキリストの二面性を象徴しているのかもしれない。それともキリストの現在と未来を？「聖ウルスラ伝説の巨匠の信奉者」という謎めいた名前の画家は、同じ素材を使って驚くほどくだけた場面を描いている。

まもなくディアンツスは、さらに具体的に言うとクローブ・カーネーションは、別の意味でキリストの受難と結びつけられるようになった。クローブに似た香りや、ジリボレ gillyvore とのつながり（アラビア語のカランフル *quaranful* のちにはカランフィル *karanf* が語源）から、中世の人々は、カーネーションからクローブの形そのものを連想するようになった。クローブの実は、キリストを十字架に磔《はりつけ》にするために使われた木の釘に似ている。スペイン語ではクローブを「キリストの釘 Clavos de Cristo」という（ちなみに、偶然ながらカーネーションはスペインの国花だ）。イタリアでもクローブとのつながりが記録されている。イタリアでは、クローブ・カーネーションは「チオディーノ *chiodino*（小さな釘）」と呼ばれていた。つぼみの形が釘に似ているからだ。[18] ロシア語でも、ナデシコもしくはカーネーションを意味する「グボーズジカ *gvozdika*」は、鋲釘、釘、ピンを意味するグボーズド「*gvozd* (гвоздь)」から派生した言葉だ。16世紀から17世紀にかけて、イギリスでカーネーションは「コロネーション coronation」、「カーネーション carnation」以外に、「インカネーション incarnation［受肉、神の化身などの意味がある］」とも呼ばれていた。言葉の符合が信仰にお

カルロ・クリヴェッリ、「聖母子」(1480年頃)、テンペラ画、板絵。カーネーションが宗教的シンボルとして用いられている。

聖ウルスラ伝説の巨匠の信奉者（ブリュッヘ）「聖母子とふたりの天使」（1490年頃）。
聖母は麗々しい布の前に座り、一輪のカーネーション、もしくはナデシコを手にしている。

いて重要な意味を持っていた時代、カーネーションとキリストの受難との結びつきはいっそう強固になった。博物学者のウィリアム・ターナーが、1551年、1562年、1568年に発表した『本草書《ほんぞう》』でも、カーネーションは「インカルナシオン Incarnacyon」と呼ばれている。[19]「神の子が肉体を持つ人間となって現われた（キリストの受肉）」というキリスト教の根本的な教義と同じ名を持つことによって、この小さな花のほかの属性も、キリスト教の信仰や芸術においてさまざまな役割を果たすようになる。

北ヨーロッパの教会や家庭では、イエスが十字架にかけられ亡くなった聖金曜日から数えて50日目の日曜日（ペンテコステ）に、カーネーション（おそらくナデシコだろう）を教会に持ち寄って祝う習慣があった。ドイツではプフィングステンと呼ばれるペンテコステの祭りは、聖霊が降臨する日であると同時に、ヨーロッパの多くの国では初夏の花々がいっせいに咲き始める日でもある。もちろんその中には何種類かのディアンツスも交じっている。実際、「ナデシコ pinks」に「pink」という語根が入っているのは、「プフィングステン」すなわち「ピンクステン pinksten」の時期にこの花が咲くからだと主張する学者もいるが、花弁の縁が「ギザギザしている pinking」からという説の方が有力だ。

この花は、キリストの母である聖母マリア、そして母親の愛情の象徴から一気に飛躍して、キリストの花嫁というマリアの役割を通じて結婚の象徴とされるようになり、そこからふたたび世俗的、宗教的、どちらの愛情の象徴としても用いられるようになった。15世紀以降の絵画は、宗教的なものであれ世俗的なものであれ、あまりにもたくさんの意味が込められていて解釈が難しい。聖母と幼子キリストという人気のテーマは、母と子の愛情、もしくはキリストの花嫁としてのマリアの象徴、あるいはもっと暗い、キリストを待ち受ける運命の前触れととらえることも可能だろう。

15、16世紀のもっと宗教色の薄い、生身の人間の肖像画に登場するディアンツスも、モデルの社会的役割や画家の知識に応じてさまざまな意味を帯びているはずだが、現代人が気づいていない部分もあるのではないか。オランダの画家ヤン・ファン・エイクの「カーネーションを持つ男の肖像」に描かれている一輪のカーネーションは、男性が首から下げている立派な十字架が聖アントニウス修道会の印であるように、この人物の宗教的な考えを表しているのだろう。[20] フランドル派の画家ハンス・メムリンクの「ピンク色のカーネーションを持つ男の肖像」（1475年頃）にも、一輪の花を手にした僧服の男性が描かれている。[21] ところが、画家ミヒャエル・オステンドルファーの自画像（制作1520年頃）に描かれているのは、毛皮と麻の豪華な衣装に身を包んだ画家の姿だ。後世の文献によれば、この作品は正式には「花婿の自画像」というのだそうだ。つまりこの絵では、ディアンツスは世俗的な愛を象徴しているのだろう。[22] カーネーションを持つ女性の絵画は世俗的な意味を帯びている場合も、宗教的意味を帯びている場合もあるので、鑑賞者はほかの小道具などを手がかりにするしかない（たとえば、アンナ・ゴッホという女性を描いた「ある女性の肖像、飾り襟、帽子、赤いカーネーション、本」（1647年頃）では、女性が手をのせている聖書が手がかりになるだろう）。1519年に制作されたヘルダーズ公爵夫人の肖像は、女性とカーネーションを描いた世界最古の世俗的な肖像画のひとつだ。嬉しくなることに、女性が手にしている一輪の花のほかに、小さな鉢に植えられた3本のカーネーションも描かれている。カップルの肖像画は、婚

世界中でカーネーションは「母の日」の花とされている。1920年代に作られたこの絵葉書にもカーネーションが描かれている。

約した恋人どうし、花嫁と花婿、あるいは結婚生活に満足している老夫婦を描いているのかもしれない。レンブラントの「ピンクのカーネーションを持つ女性」の婦人は、カーネーションを手にし、当時世俗の既婚女性に許される最高に贅沢な装いをしているにもかかわらず、ひどく沈んだ様子をしている。[23] 1542年に描かれたイギリス皇太子（のちのエドワード6世［1537～1553年］）の肖像画で、皇太子が手にしているのは、はたしてカーネーションかバラかという問題は、これまでさまざまな機会に論じられてきた。チューダー朝時代の、いまより野生に近い扁平なバラと、ふさふさとした花弁を持つカーネーションがいかによく似ていたかということだろう。事実、このふたつの花がどれほど美しく、どれほど似ているかについて、後世の栽培家たちはたびたび言い争ってきた。どちらもかぐわしい夏の花で、貴賤を問わずあらゆる園芸家と花の蒐集家たちに愛されてきた花であることは間違いない。

16世紀を迎える頃、カーネーションの近縁にあたる小さなカルトゥジアン・ピンク（ディアンツス・カルトゥジアノルム *Dianthus carthusianorum*）は、名前の由来となったカルトゥジオ修道会の勢力範囲の拡大とともに、ヨーロッパをくまなく踏破していた。1084年、グルノーブル近郊のシャルトルーズ山塊に創建された広大な修道院、グランド・シャルトルーズで暮らすカルトゥジオ修道会の修道士たちは、偉大な園芸家であると同時に薬剤師でもあり、おのおの僧房に隣接する専用の菜園を持っていた。多くの菜園で小さく色鮮やかなナデシコが栽培されていた。南ヨーロッパから中央ヨーロッパにかけて、石灰岩が覆う丘陵地に自生していたナデシコは、1573年、カルトゥジオ修道会士たちの手でイギリスに運ばれてきた。とはいえ、背の低い茎に小さな花を鈴なり

ヘルダーズ公爵夫人の肖像、公爵夫人は一輪のカーネーションを手にし、羽根飾りのついた帽子をかぶっている。1519年頃。木版画、手彩色。

「美人たち（ベッレ・ドンネ）」と呼ばれるルネサンス期の錫釉陶器。こういったルネサンス期の皿は、通常、求愛や結婚に関係した愛情の記念と考えられている。

につける高山性ナデシコは、大柄な従姉妹たちのように人気になることはなかった。16世紀、カルトゥジアン・ピンクが修道院の菜園や急峻な山の斜面ですくすくと成長する一方、カーネーションは、エデンの園に咲いていた花と考えられるようになった。カーネーションは絵画だけでなく、1629年にジョン・パーキンソンが発表した『太陽の楽園、地上の楽園』という植物史の寓意的な口絵にも登場している。小人のように小さなアダムの隣にすっくと立つカーネーションは、マルタゴンリリーや、奇妙な棘《とげ》のあるセイヨウナシの木よりも背が高い。口絵には、ヨーロッパに伝来してまもないパイナップルのような植物も描かれている。これらの植物はヨーロッパにこれまでなかったかもしれないが、神の偉大な設計の一部であり、とすれば天地創造以来存在していたはずである、とパーキンソンは説明している。16世紀後半の詩人で、偉大な園芸家で政治家のウィリアム・セシルの友人でもあったバーナビー・グー

カルトゥジアン・ピンク（ディアンツス・カルトゥジアノルム *Dianthus carthusianorum*）は、カルトゥジオ修道会の修道士たちとの縁からそう呼ばれるようになった。

ジは、聖書の時代からカーネーションが存在したという言説と、あらたに登場した「7月《ジュライ》の花《フラワー》」を結びつけて、「おお！　なんとうるわしくも素晴らしき7月の花のあることよ。栄華を誇るソロモンもその美しさにはかなうまい」と称賛した。その香りは「霊的な部分」に作用し、「天にも昇る風味と、えもいわれぬ甘く心地よい香りによって、身の毛もよだつ悪夢」を遠ざけるとも言われた。[24]

　中世に成立した『薔薇物語』（ギヨーム・ド・ロリス、ジャン・ド・マン作、篠田勝英訳、ちくま文庫）は、神性、精神性、性愛、象徴性が渾然一体となった散文詩で、ルネサンス期にもっとも愛好され、ヨーロッパ各地で語り直されてきた。1230年頃、ギヨーム・ド・ロリスによってはじめられたこの長大な寓意物語は、宮廷の恋愛の掟を詳細に物語っている。ごくかいつまんで紹介しよう。騎士である若者は、彼の心の欲望を象徴するバラのつぼみを探し求めている。長い捜索の果てに、若者は「閑暇」を象徴する貴婦人によって壁に囲まれた愛の園に入ることを許される。若者は愛の園でついにバラを発見する。バラは愛の象徴であり肉欲の象徴でもある。『薔薇物語』は、チョーサーが大幅に書き直したものも含め、多数の異本や続編がある。そのため、楽園とみまごうこの庭園にどんな花が選ばれたのか、多くの挿絵で確かめることができる。15世紀の写本におさめられた、壁に囲まれた愛の園のみごとな挿絵では、日当たりのよい壁際の境栽花壇に隙間なく植えられたカーネーションが花を咲かせている。チョーサーがこの花を選んだのか、それとも挿絵画家の独自のアイデアかはさておき、カーネーションの刺激的な香りと、花が帯びている婚約の象徴性から、こうした場面には最適の選択だろう。ディアンツスは、ルノー・ド・モントーバンという騎士が活躍するルネサンス期の伝奇物語にも登場する。15世紀の写本の挿絵では、モージと美女オリアンドというふたりの恋人が腰掛けているベンチにカーネーションの鉢が置かれている。大きな鉢は、彼らの婚約を暗示しているのだろう。[25] パリのアルスナル図書館に所蔵されているこの挿絵は、きわめて感動的な恋人たちの肖像画のひとつで、数世紀を経たいまもバレンタインデーのカードのモチーフになっている。

カーネーションは、キリスト教圏以外の国々でも人々の崇拝を集めてきた。オスマン帝国文化圏で、カーネーション（カランフィル *karanfil*）は、バラ、ヒヤシンス、チューリップと並んで、楽園の庭園でもっとも重要な4つの花のひとつで、生命と生命の源の象徴だった。カーネーションには神聖な内的美が宿っているため、霊的思索を呼び覚ますと言われ、陶器や刺繍のモチーフに用いられるようになった。この4つの花は、宗教的文脈であれば神のイメージを、世俗的文脈であれば愛情と性愛のイメージを表しているのだろう。オスマン帝国の文化に欠かせないのが戸外の宴会だ。婚礼、晩餐、割礼の祝いなどの慶事はすべて塀や建物に囲まれた個人の屋敷の庭で行なわれた。庭には宝石のように美しい花壇がしつらえられ、中央には水を湛えた池があった。詩人のレヴァニ（1524年没）は、庭とそこに招かれた客の両方を花になぞらえて称える詩を詠んだ。

バラの園で宴をもうけたいならば
かの人に、愛する人との語らいを
許すべし。その髪はヒヤシンス
顔《かんばせ》はバラ、唇はつぼみ

17世紀中頃フランスに生まれ、のちにイギリスに亡命したサー・ジョン・シャルダンという商人は、ペルシアの首都イスファハーンを訪れ、ペルシアでは、庭園や細密画で目にする普通のナデシコ以外に、庭や野生の草原に「クローブ・ピンクというきわめて珍しい花が咲いている。ひと株に30ほどの花をつける」と記している。[26]

ペルシア文化は詩がとても豊かだ。彼らの詩では、愛する人はたいてい寓意《アレゴリー》によって表現される。愛する人の顔は庭園に、頬はバラかザクロの花、顎《おとがい》はリンゴかマルメロ、唇はつぼみかザクロの種、瞳はアーモンド、巻き毛はヒヤシンスになぞらえられる。カーネーションは顔の個々の造作を表すのではなく、開花期が長いことから、永遠に続く愛の象徴とされた。18世紀初頭、イギリスの貴族で著述家のメアリー・ウォートリー・モンタギューは、トルコ大使に任命された夫に同行してイスタンブールを訪れた。夫人は宮廷のハーレムの女性たちとの交流を通じて、その時代に、色、花、果物にどんな意味が込められていたかを記録した。それによると、たとえばカーネーションには、「私はずっとあなたを思っているが、あなたは気づいてくれない」という意味があるそうだ。開花期が長いことから、カーネーションは強力な支配者の政治的シンボルにもなった。とはいえそのうちのひとりは、庭園とロマンスを連想させる花の香りを心から愛していたのだろう。「バルバロス（赤髭）」ハイレッディン提督［１４８３頃～１５４６年］は、スレイマン１世（壮麗帝）時代（１５２０～１５６６年）の大提督で、大艦隊を率いてヨーロッパ人におそれられた。しかし肖像画の中では、手にした一輪のカーネーションを鼻にかざしている。バルバロスの肖像画の構図は、オスマン帝国第７代君主「征服王」メフメト２世［１４３２～１４８１年］の肖像画にそっくりだ。ただしメフメト２世が鼻にかざしているのはバラである。[27]

カーネーションは、オスマン帝国の支配者層の住居や宗教的建築物を彩る陶器や陶板のモチーフにもなっている。イズニク地方は陶器の名産地で、15世紀と、とくに16世紀に質の高い陶器を製造していた。そのひとつがスクフェという花をモチーフにしたシリーズで、これらはいまもイスタンブールの複数の宮殿や、スレイマン１世の大宰相リュステム・パシャのモスク（１５６１年頃に建造された）、スレイマン１世の皇后ロクセラーナの霊廟（１５５８年）、スレイマン１世の霊廟（１５６６年）で見ることができる。こうした意匠はトルコ全域からシリアに広まり、カーネーションに宗教とのあらたな結びつきをもたらした。ひと目でそれとわかる扇形をしたカーネーション

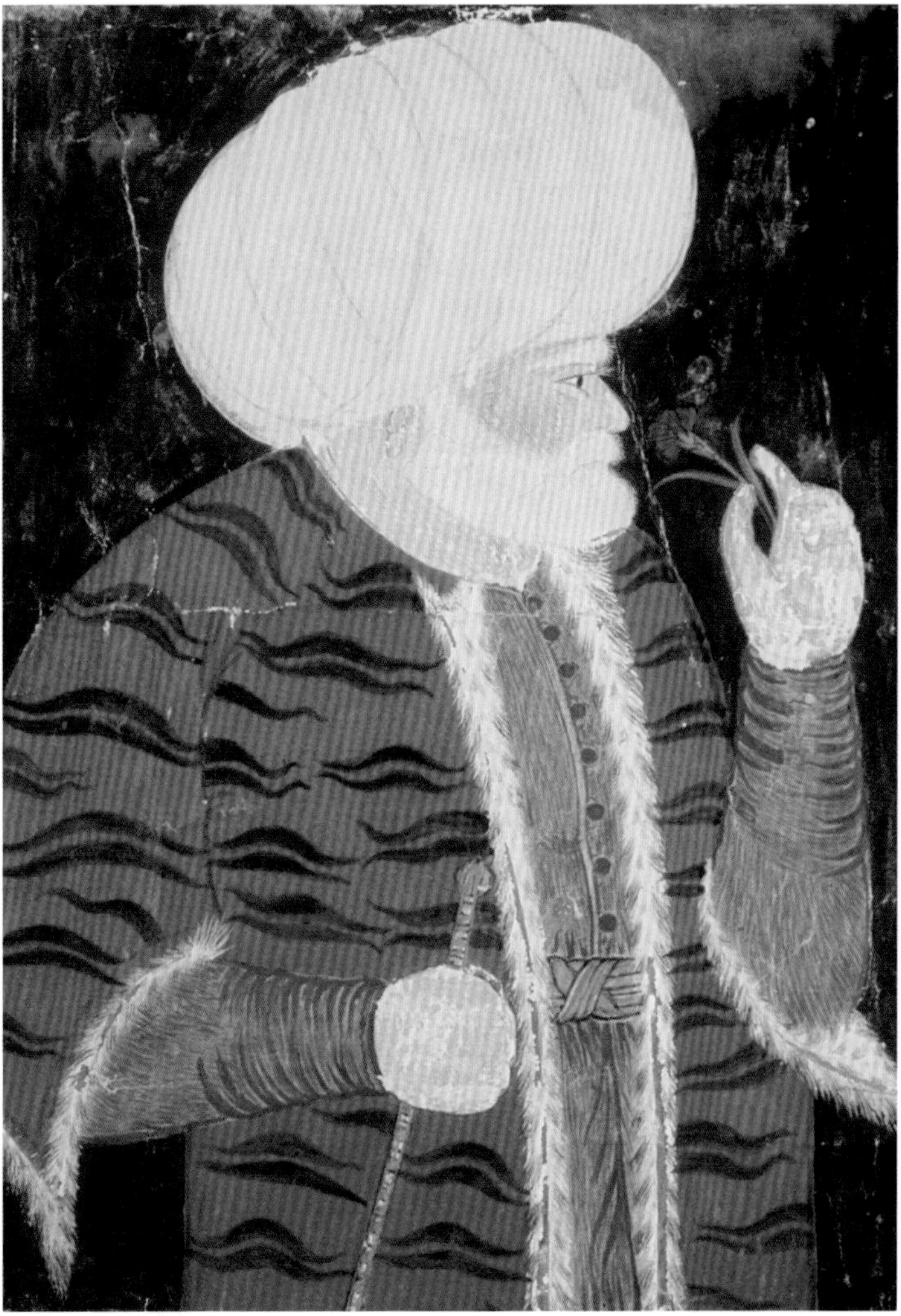

ニギャーリー・レイス・ハイダル、「ハイレッディン提督」（1540年）。

イズニクの陶板。ヒヤシンスのあいだにカーネーションが描かれている。17世紀。

イランの礼拝用敷物。縁に赤いカーネーションが見える。1800 ～ 1860年頃。

の花びらは、ヨーロッパの目と鼻の先に位置するコンスタンティノープルにはじまり、ダマスカス、アレッポにいたるオスマン帝国全域、そしてイスラム教の中心地であるペルシア（イラン）まで広まり、イスラム教のもっとも重要な宗教的記念建造物の壁を彩るようになった。神の花、カーネーションの行く手を阻むものはなかった。

第2章　名前あれこれ

カーネーションの花そのものを愛でよ
服に飾ったり、食べたり、
実用のためでなく。
未来の花の種が宿っているあいだも
その色は目を、香りは鼻を楽しませるためにある。
――ウィリアム・シェンストン（1714～1763年）、詩人、園芸著述家

ギリシア語でディアンツス、フランス語でウイエ、スペイン語でクラベル clavel、イタリア語でガロフォリ garofolì、ペルシア語でカランフィル quaranfil。すでに山ほど名前を背負わされていたにもかかわらず、カーネーションとナデシコはイギリスに上陸するなり、ギリシア語やラテン語、またはヨーロッパ大陸の言語の素養のない人々によって、これでもかとばかりにたくさんの「俗名」を授けられた。これらの名前はその後、古典文献の混乱した情報とともに、同時代の薬草学者や植物学者の著書に書き留められ、やがて、薬の処方箋、園芸書、恋愛の歌、演劇を通じて大衆文化に

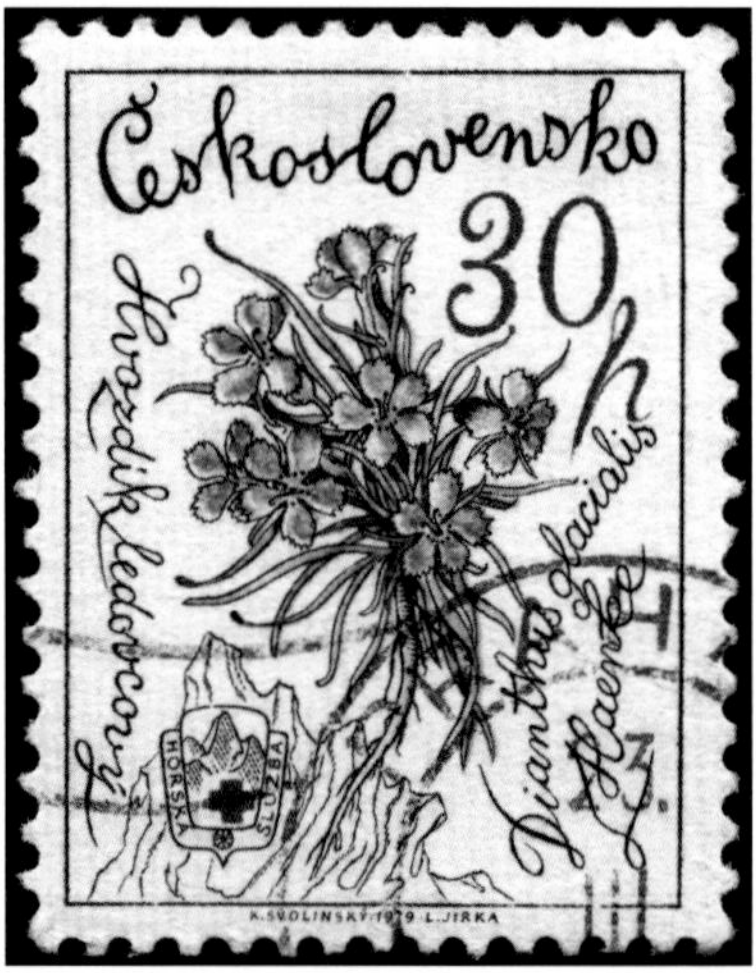

チェコスロバキアの切手、1979年頃。優美だが寒さにも強いディアンツス・グラキアリス［和名ヒョウガナデシコ］が描かれている。

浸透していった。当時、一般に普及していたカーネーションの名前は、「ジロフラワー gilloflower」、「ブランケット blunket」、「ホースフレッシュ（馬肉）houseflesh」、「クローブ・ジロフラワー clove gillo-flower」、「ソップス・イン・ワイン sops in wine」、「コロネーション coronation」、「カーネーション carnation」、「インカネーション incarnation」などである。16世紀末、ジョン・ジェラードはこれらの俗名をすべてまとめてみようと思い立った。それによれば、「あるものはカーネーション、またあるものはクローブ・ジロフラワー、ソップス・イン・ワイン、ページェントまたはペイジョン・カラー、ホースフレッシュ、ブランケット、紫、白、八重、一重のジロフラワー、また黄色い花のジロフラワー」、さらに「スイート・ジョン、スイート・ウィリアム、サンドリー・ピンク」と呼ばれていた。「野生のジロフラワー、ジャグド・ピンク（ナデシコ）、高山性ナデシコ、チェダーピンク、ノハラナデシコ、オト

Of Gillofers. Chap.vij.

The Kyndes.

VNder the name of Gillofers (at this time) diuerse sortes of floures are contayned. Wherof they call the first the Cloue gillofer whiche in deede is of diuerse sortes & variable colours: the other is the small or single Gillofer & his kinde. The third is that, which we cal in English sweete williams, & Colminiers: whereunto we may well ioyne the wilde Gillofer or Cockow floure, which is not much vnlike the smaller sort of garden Gillofers.

Vetonica altilis.

Carnations, and the double cloaue Gillofers.

Vetonica altilis minor.

The single Gillofers, Soppes in wine, and Pinkes, &c.

The Description.

THe Cloue gillofer hath long small blades, almost like Leeke blades. The stalke is round, and of a foote and halfe long, full of ioyntes and knops, & it beareth

レンベルト・ドドエンスの『植物史』、ヘンリー・ライトによる英訳版（1578年）より、「ジロフェル」の項。

メナデシコ」を、ジェラードはそれぞれ異なる品種として認識していたが、一般の人々は十把一絡げに「ピンク（ナデシコ）」もしくは「小さなゴウダソウ［学名：*Lunaria annua*。ギンセンソウとも言う］」と呼んでいたかもしれない。

こういった、一般に流布していた俗名の中には、比較的簡単にいわれを説明できるものもある。もっとも誤解されているのはピンク（ナデシコ）だろう。１５７８年、ヘンリー・ライトはみずから英語に翻訳した『植物史 *Nieve herball*』で、「ピンケ pynkes と、羽毛のような花をつける小さなジロフェル Gilofer は、一重でかなり小さいほかは、葉、茎、花の形は八重の、すなわちクローブ・ジロフェルに似ている」と述べている。ただし花については「前述のジロフェルに似ているが、どの花も一重で、深く細かい切れ込みが入っているか、小さな羽毛のようなフリンジ状の花弁が5、6枚ある」としている。[1] ジョン・パーキンソンも、花弁の縁がギザギザのネクタリンの木の花を、「ピンキング・ブロッサム（ギザギザの花）」と呼んでいる。フリンジング fringing やピンキング pinking は、色ではなく、布のほつれを防止するために行なわれる処置のことで、「ピンク（ナデシコ）」を指す言葉として広く普及していたが、18世紀後半になって呼び名と矛盾する「縁がなめらかな」ピンク（ナデシコ）が開発された。１５７５年にヒュー・プラットが書いた「哲学の花、詩の喜び *The Floures of Philosophies with the Pleasures of Poetrie*」という詩にも、花弁の縁がギザギザの愛らしいナデシコが登場する。

甘美なカーネーションとバラのあまたあるなかに

ディアンツス・プルマリウス［和名タツタナデシコ］、一般的なナデシコ、エドワード・ステップ、『庭園と温室の花々』（1897年）より。

すぐれたゲロフェルあり。
あるものは白、またあるものは赤、
ここにはギザギザの花弁の愛らしきピンクが
頑丈な根の上に生えている。

いまから数年前、デラウェア州サセックス郡の墓地で、ジェラードの『植物史 *Herball*』に登場するたくましい「紫」と「白のギザギザのピンク（ナデシコ）」が発見された。植物好きで知られるアメリカ大統領トーマス・ジェファーソンが、１７６７年にシャドウェルで開花を記録したナデシコ、また１８１１年にバージニア州のジェファーソンの自邸ポプラ・フォレストに植えたというナデシコは、おそらく「オールド・フリンジ・ホワイト」と「オールド・フリンジ・ピンク」だろう。[2]

俗名の中でもっとも奇異な印象を与える「ホースフレッシュ（馬肉）」は、おそらくこの花のもっとも一般的な色を指しているのだろう。花の「ピンク」から転じて「ピンク」が色を表す言葉として使われるようになる前の時代の呼び名だ。スコットランドの方言で馬を意味する「ブランケット blunket」も同様に解釈できるだろう。ただし「ブランケット」については、フランス語で白色ないし薄灰色を意味する「ブラン blanc」もしくは「ブランケ blanquet」が起源だとする説もある。もっと不可解なのは「ソップス・イン・ワイン」だ。一般に、赤色のクローブ・ジリフラワーを指す言葉だったと言われている。スパイシーな香りを持つこの花は、昔はえてして渋味の強かったワ

有名なオールウッド種苗店の歴史的に貴重な園芸用ナデシコの中には、白い花弁の「ソップス・イン・ワイン」がある。ほかの種苗店では、赤い花弁に白い刷毛目のような斑点がある花を「ソップス・イン・ワイン」と呼んでいる。

インの香りづけに使われていたのだろう。「ソップ」とは、ワインに浸していた花のことか、それとも花で香り付けしたワインに浸して食べていたパン切れのことなのかをめぐって、学者たちのあいだではいまも議論が続いている。そのうち本格的な研究がはじまるかもしれない。深紅の花びらの中央に見えるおしべが、ワインに浮かんだパンを連想させるからという、料理とあまり関係ない説もある。現代の「ソップス・イン・ワイン」の花が赤か白かは、種苗店によってまちまちである。

1573年、トーマス・タッサーは、自著『よき農事・家政への500の忠告 *Five Hundred Points of Good Husbandry*』で、田舎の主婦が育てるべき花の目録を作り、その中に「ソップス・イン・ワイン」を挙げている。彼は、菜園の管理は、夫ではなく立派な主婦の役目であると主張した。タッサーによれば、鍋を満たし、調味料を作り、薬を調合し、香りを精製するのは主婦の務めだった。カーネーションは多くの場面で活躍したことだろう。[3] 世界初の女性向け園芸書は、1618年にヨークシャーの教区牧師ウィリアム・ローソンが著した『あたらしい果樹園と庭園 *A New Orchard and Garden*』の附録小冊子『田舎の主婦の庭 *The Country Housewife's Garden*』だ。この小さな冊子には、「ジリフラワー」や「クローブ・フラワー」など、田舎の主婦が庭で栽培するべき花の目録が掲載されていた。ふたつの花の中でローソンが好んだのはクローブ・カーネーションだった。

私はこの花を、バラを除く花々の王と呼ぶ。
その中で最高のものは、クイーン・ジュライ・フラワーと呼ばれている。
色は9種類から10種類あり、なかにはバラのように大きい花もある。
あらゆる花の中で（ただしダマスクローズは別格として）
もっとも見目麗しくかぐわしい花である。[4]

当時の肖像画に描かれている花が、小さなバラか、はたまた大きなカーネーションか、なかなか見分けがつかないのももっともだ。

16世紀中頃の薬草学者たちは「コロネーション」という呼び名を好んだ。カーネーションが花冠に使われていたことに由来するのかもしれない。ただし、「冠」と言い出したのは、イギリス人の植物学者で骨董商でもあったヘンリー・ライトだ。彼は「花の上辺がジグザグだったり、ギザギザだったり、小さな王冠に似ている」と言っている。[5] ここでも、名前の由来になっているのは花弁のギザギザの縁だ。詩人のエドマンド・スペンサーも、『羊飼いの暦 *The Shepheardes Calender*』（１５７９年）で、「コロネーション」という言葉を好んで使っている。彼は田園に集う乙女たちに「ピンクと紫のオダマキを、ジリフラワーと一緒に此方へ持って参れ、最愛の人が身につけたコロネーションとソップス・イン・ワインを」と詠んでいる。まるでディアンツス一族がそろってエリザベスに求婚しているかのようだ（いかにも女王には戴冠という意味の「コロネーション」という呼び名がふさわしい）。エリザベス女王の宮廷の庭には、女王の愛顧を得るために花が続々と届けられたことだろう。ジョン・リリー（１５５３頃～１６０６年）の『ユーフュイーズとイギリス』（１５８０年頃）という詩に、エリザベス女王の宮廷の庭に咲いていた花が描かれている。

この花壇の中であなたがいちばんお好きな花はどれ？
美しいバラ、可憐なスミレ、かぐわしいサクラソウ。
こちらには、ジリフラワー、カーネーション、ソップス・イン・ワイン、スイート・ジョンも
花を咲かせ
あなたの目と舌を喜ばせてくれることでしょう。

ジリー（ジリフラワー）、カーネーション、ソップス・イン・ワインと呼び分けていることから、

スペンサーとリリーは、ひとつの花に複数の名前があるというより、それぞれが異なる花を指す名前だと考えていたようだ。[6] ところが彼らと同時代のマイケル・ドレイトン（1563～1631年）という詩人のせいで問題はふたたびややこしくなる。彼は「ポリ＝オルビオン *Poly-Olbion*」という詩の中で、「甘美なる香りと絶大なる力を備えたあでやかなるカーネーション。7月の花（ジュライ・フラワー）にもかかわらず、その色によってカーネーション carnation と呼ばれる」と言っている。「その色」とはもちろんこの花に特有の肉色のこと。こうして「カーネーション」は、肉という意味のカルニス carnis というラテン語と結びつけられ、私たちはふたたびホースフレッシュ（そしておそらくブランケット）の名前の由来にまつわる堂々巡りに引き戻される。

ジリフラワー、ジリヴァー、またはジュライ・フラワーの由来についてはすでに第1章で取り上げた。ただしそれらの起源が花の開花期なのか、クローブに似た香りなのか、あるいはもとのアラビア語の名前なのかは不明だ。しかしイギリスの夏に咲く花々の名前を思い浮かべてみれば――たとえば「貴婦人のジリフラワー」（ヘスペリス・マトロナリス *Hesperis matronalis*［和名ハナダイコン］、現在は「貴婦人のスミレ」と呼ばれることが多い）、「ウォール・ジリフラワー」（ウォールフラワー *Cheiranthus cheiri*［和名ニオイアラセイトウ］）、「ジリフラワーもどき」（シャボンソウ、またの名を「バウンシング・ベット」）――開花期に由来すると考えるのが妥当という気がする。ちなみに「ウィリアムズ」は、現在スイート・ウィリアムと呼ばれている花（スイート・ウィリアムもディアンツス属の花 *Dianthus barbatus*［和名アメリカナデシコ］）ではなく、じつは野生の「キンポウゲ」のことだった。おそらくリクニス・フロスククリ *Lychnis flos-cuculi*［和名カッコウセンノウ］、またの名を

この17世紀初頭の挿絵には、それぞれの植物の「名前」を構成する長いラテン語の説明が記されている。バシリウス・ベスラー、『アイヒシュテット庭園植物誌 *Decimusquartius ordo collectarum plantarum aestivalium*』第3巻。

ラグド・ロビン［ボロを着たコマドリ］の変異種だろう。この花は、花弁に深く切り込みの入った野生のナデシコと、丈の高いスイート・ウィリアムの交配種に驚くほどよく似ている。少なくともナデシコ一族の一員ではある。庭園史を研究するマーク・グリフィスによれば、ジェラードの『植物史』（１５９７年）の口絵に描かれた「ウィリアムズ」の花束を抱えた男性はウィリアム・セシル（バーリー卿）なのだそうだ。

しばらく名前がありすぎた時代があったものの、17世紀初頭頃、もっとも人気のあるディアンツスは、３５０年を経たいまも使われている一般的な名称――カーネーション、ピンク［ナデシコ］、スイート・ウィリアム――に落ち着いたようだ。ただし地方では19世紀に入ってからも「ジリフラワー」という名前が使われていた。そして、混乱が収まったのもつかのま、縞、筋、マーブル模様の入った品種が、種苗店や栽培家の庭からどっとあふれ出た。これらの花々には艶っぽい、あるいは謎めいた名前がつけられた。ジョン・パーキンソンの『太陽の楽園、地上の楽園』（１６２９年）には、変異種や栽培新種の名前がこれでもかとばかりに集められている。こうした名前――「血を流す伊達男」、「陽気な恋人」、「フリルのついたコマドリ」――に好奇心旺盛な園芸家と歴史家は一様に陶然としたことだろう。奇抜な新種が山ほど流通するようになると、パーキンソンと仲間の園芸家たちは、以前からあるありふれた種に「オールド」という形容詞をつけるようになった。「オールド・イングリッシュ・カーネーション」（グレート・ハリッジ Great Harwich）は、平凡な「クローブ・ジリフラワー」や、「デリケート」という白いカーネーションとともに、パーキンソンのお気に入りだった。パーキンソンは「デリケート」について、「とても魅力的な美しい花だ」と述べている。「オールド・イングリッシュ」（ハリッジ）の系統とされる品種は、ラテン語名 *Caryophyllus maximus* からはじまり、そのあとに花の特徴を説明する名前がはてしなく付け加えられていった（そのため園芸史家たちは、カール・リンネと1760年代に彼が考案する二名法の登場を待望するようになった）。たとえば、カリオフィルス・マキシムス・ディクトゥス・フロ・セルレオ・プルプレウス *Caryophyllus maximus dictus Hulo ceruleo pupureus* という花は、名前が示すとおりフロ hulo という古いイギリスのカーネーションから生まれた品種で、大輪の紫の花を咲かせた。花には珍しい白のマーブル模様があったが、模様の大きさはきわめて小さく、花はほぼ完全な紫色か、紫がかった青色に見えた。一方、カリオフィルス・マキシムス・ディクトゥス・フロ・ルブロ－バリウス *Caryophyllus maximus dictus Hulo rubro-varius* は、深紅の花に縞や斑紋などさまざまな白い模様のある品種だった。

カーネーションの中には、特定の地域に生育していて（あるいは誰かの手でそっと移植されて）、その地名にちなんだ名を持つ花もあった。オックスフォード・カーネーションは「くすんだ赤い」大輪の花を咲かせた。美しい白のマーブル模様があったが、もっと美しい斑紋や縞のある「キングス・カーネーション」や、紫や白のや裂のある「グラナド」に比べて人気がなかった。「ロンドン・ホワイト」は、たくさんの種苗店があったロンドンで開発された品種だろうと想像がつく。「ウェストミンスター・ジロフラワー」も同様だ。しかし「プール・フラワー」という名前は地理的には厳密ではない。この花は、イギリス南東部の港湾都市プールから海を挟んで70キロ以上離れたワイト島の「コグショット城」で発見されたからだ。花の色にちなんだ名前も多かったが、あまり正確でなかったり、園芸家の意欲がまさりすぎたりしているものもあった。パーキンソンの説明によれば、「ブリストウ・ブルー Bristow Blew(blue)」という花は、実際は淡い紫色で、薄紅色や紫色の花が咲くことも多かった。「ブルー・ジロフラワー」は丸い花弁の端正な花で、通常濃い紫色の花をつけたが、ときに黄褐色の花を咲かせた。「ホワイト・ドーバー」の花は、「レッド・ドーバー」でないかぎり、灰色か、淡い薄紅色だった。ただしこの花は実際にドーバーで生まれた花なので、少なくともその点では名誉を挽回できた。

野生にない形の花弁を持つ花が作られるようになると、「ギザギザの」、「ジグザグの」、「羽毛のような」といった表現以外に、「フリルの付いた」、「フリル状の」といった言葉が使われるようになった。こうした言葉は、ナデシコに関して用いられることが多かった。選別と「育種」(「育種」については次章で詳しく取り上げよう)の初期段階における花の一貫性のなさは、これらの花を特定の名前を持つ種にまとめようとする育種家たちを失望させたに違いない。パーキンソンはカリオフィルス・マキシムス・クリスタリヌス(*Caryophyllus maximus chrystallinus*)という花について次のように述べている。

クリスタル、あるいはクリスタリン(どちらも同じ花だが、違う花だと言う者もいる)は非常に繊細な花で、美しい模様があるが、その模様に一貫性がない。あるときは白や深紅の縞がたくさん現われるが、縞が少ないときも、ほとんどないときも、そしてまったくないときもある。完全に赤一色か薄紅色になってしまうこともある。[7]

栽培家の挿絵の説明にはひたすら紛らわしいものもある。たとえば、赤と白の縞模様のカンバーシン cambersine（カリオフィルス・マキシムス・カンベルシネ・ディクトゥス *Caryophyllus maximus cambersine dictus*）の説明には、野生のカーネーションに少々似ているが、深紅ではなく、可憐と言えるかもしれないが、見目麗しいほどでもないとある——もちろん同じ花の中にもばらつきはあったのだろうが。まったく説明不能な名前もある。「トルコ・ジロフラワー」とあるが、本当にはるばるトルコからやってきたはずがないし、「ブラジル・ジロフラワー」にしても、当時カーネーションが海を越えてブラジルからやってくるわけがない。ただしパーキンソンの説明によれば、この花の色は「さえない紫」で「貧相な大きさ」だったというから、名のある種苗店で生まれた花ではなさそうだ。パーキンソンによれば、仮装行列を意味する「ページェント」という品種は、その名にふさわしく「目を楽しませてくれる」花だったが、ひどく平凡な花だったらしく、稀少種に比べてかなり見くびられていた。「悲しき《サッド》ページェント」は、一見矛盾する言葉遣いに思えるが、イタリア語でカルネヴァーレ carne-vale（謝肉祭《カーニバル》）は、「肉（carne）に別れを告げる（vale）」という意味で、肉を断つ四旬節に入る前の最後の祝宴を表す言葉だ。カーネーション carnation と同じ語根を持つことから、カーネーションに「悲しきページェント」というのは、それはそれでしっくりくる名前かもしれない。

16世紀のカーネーションとナデシコの名前の中で、まっさきに思い浮かぶのは、新種の開発に人生と財産を捧げた養苗園主や栽培家、また彼らの敬意の対象とされた家族、友人、パトロンにちなんだ名前だろう。たとえばそのひとつが「タギー親方のプリンセス」と「タギー親方のローズ・ジロフラワー」だ。ラルフ・タギーは、何種類かの「稀少種」と栽培家の花を専門とした養苗園主で、17世紀の園芸家たちを大喜びさせて、当時は有名人だった。タギー種苗店はウェストミンスターにあった。「ウェストミンスター・ジロフラワー」を作ったのもおそらくタギーだろう。1633年にジョン・ジェラードの『植物史』の改訂版を出版したトーマス・ジョンソンは、その中でタギーのことを、「彼は生前、すべてとは言わないまでも人生の大半を超える時間を、植物を育て、増やし、守ることに捧げた。しかも手厚く、勤勉に、そして技術のかぎりを尽くした」と述べている。[8]
1632年、タギー親方が9人の子供を遺して亡くなると、妻のキャサリン・タギーが種苗店を引き継ぎ、ジレフラワー、コルチカム［和名イヌサフラン］、オーリキュラの栽培で有名になった。トーマス・ジョンソンはラルフ・タギーを称賛してから、タギー夫人の「種苗店は［……］じつにすばらしい、これほど種類豊富で目を楽しませてくれる花は見たことがない」と絶賛している。夫人は生涯を通じて種苗店と店のジレフラワーの評判を守り、1651年に息子のリチャードに事業を譲って亡くなった。そもそもの「タギー親方のプリンセス」は妻のキャサリンだったのか、それとも娘のひとりだったのか、あるいはタギーが愛情を注いだ花そのものか。名前の由来はどうであれ、「プリンセス」は「プリンス」や「クリスタル」のように大ぶりの、美しく濃い黄褐色の花を咲かせた。花には縞やマーブル模様、筋が入っていて、縁には深いギザギザがあった。パーキンソンの言葉どおり、すべてが非常に「目を楽しませてくれる」花だった。「黄褐色」のジロフラワーは、総じてジョン・ウィッティの店で誕生した株だったらしい。ウィッティは、自分の店の「大ぶりな暗褐色のジロフラワー」が、タギー一族の面々の手で立派な花になったと知ったら憤慨しただろう。

パーキンソンの本にはブラッドショー親方が作った新種も紹介されている。「優美な貴婦人（デインティ・レディ）」は、小さく端正な花で、花弁の縁に細かく繊細な「ギザギザ」（波形模様）があり、花びらの表と裏がそれぞれ赤色と白色の「目を楽しませてくれる」花だった。その後に登場した、園芸家で養苗園主のトーマス・ホッグのお気に入りの花「デービーの虹」も、やはり個人の園芸家や養苗園主を称える名前だ。フランスでは古代の偉人にあやかった名前が好まれたようだ。少なくともルイ・ブーランジェというカーネーションの愛好家は、自分のウイエに、ローマ時代の武将や皇帝、また古代世界最大の征服王にちなんで、カエサル、ポンペイウス、アレクサンドロスと名づけた。[9] あらたな品種や栽培種と、もとから知られている品種を区別する以外に、花の姿かたちを維持することも重大事だった。たとえば「タギー親方のローズ・ジロフラワー」は「あらゆる自然の美を誰よりも勤勉に保存できる親方だけが所有者となれた」と言われている。この花は、もっと平凡な黄褐色の花の種から育てられた。そしてその種には、「赤いバラそっくり」の色と姿かたちを保つのではなく、もとの花の色と姿かたちに堕落してしまうあらゆる危険が内包されていた。

パーキンソンはイギリス最後の偉大な本草学者だった。彼は薬の材料としてだけでなく、趣味で楽しむ花としてディアンツスを高く評価した。こうした考え方は、17世紀後半から18世紀にかけて園芸界を支配するようになった栽培家や花（とりわけ稀少な新種）の愛好者たちに引き継がれた。そうしたひとりがトーマス・ハンマー（1612～1678年）だ。父親の初代准男爵サー・ジョン［1590～1624年］は、フリントシャー州選出の庶民院議員で、珍奇な花を愛でるより清教徒の教義に強く傾倒した人物だった。ところが息子のサー・トーマス・ハンマーは、1624年に父のあとを継ぐと数年のうちに王党派に寝返り、内戦中はかつて自分が酌人《カップベアラー》［宮廷でワインカップの酌をする召使い］として使えたチャールズ1世［1600～1649年］に味方して挙兵した。おそらくトーマスは宮廷で花を愛でることを覚えたのだろう。当時イギリスではチャールズ1世と、とりわけその妃のヘンリエッタ・マリアが、自分たちの宮廷に天国の夏を再現しようと、仮面舞踏会を開いたり、絵画や彫刻を飾ったり、次々と庭を造営したりしていた。「バラとユリの女王」の異名を持つヘンリエッタ・マリアは、ヨーロッパ中から庭師と造園家を集めて自分好みの庭園を造らせた。チャールズ1世が処刑されると、ハンマーはフリントシャーにあるベティスフィールドの庭園に隠居し、そこで、日記作家のジョン・イーブリン（彼も王党派だった）や、植物学者のジョン・レイと文通して満ち足りた余生を送った。友人で隣人でもあったジョン・レイは、ハンマーの庭は世にもまれなる庭、ハンマーその人は庭園植物と花の最高の権威のひとりであると称えている。[10]レイその人も91種類にのぼるカーネーションとナデシコを著書にまとめたが、[11]ハンマーが収集した花々にひどく感銘を受け（その中には稀少なチューリップや、当時誕生したばかりの「八重咲きのカーネーション」もあった）、1665年に自著『植物誌 *Flola*』をハンマーに献呈している。[12]ハンマー自身が本を発表することはなかったが、1653年から1659年にかけて記録した『ガーデンブック *Garden Book*』は、その後280年間草稿のまま保存され、1933年、園芸史家エレナー・シンクレア・ローデによってついに出版された。[13]不可解にも、ハンマーが記録したジリフラワーやフランスのウイエの目録と、パーキンソンの目録にはいっさい共通点がない。ハンマーの命名法に大陸風の傾向が顕著なのは、数年間のフランス暮らしが影響しているのだろう。

ハンマーの目録には、北海沿岸低地帯〔現在のベルギー、ルクセンブルク、オランダ〕やオーストリアの養苗園主や園芸家も登場する。彼ら自身の名前ではないとしても、少なくともその地域に縁のある名前なのだろう。「ジーランドの提督〔ジーランドはデンマーク最大の島〕」、「ドルトーン将軍」、「コーマン将軍」、「オランダのアレクサンダー」、「レオポルド公爵」。名前のアイデアは地理的にも歴史的にも広がりを増していった。「プリンス・オブ・ウェールズ」、「クイーン・ヘスター」（深紅と白の大輪の花を咲かせた）、「ポルトガル王」、「ヴェネツィア人」、「コンデ公」、「大きなターバン」。こういった「献上用」の名前を考えるのは、王や貴族のお抱え庭師ではなく、王侯貴族の愛顧を得ようとする種苗店主や栽培家たちであることが多かった。こういった名前のつけ方はその後定着し、18世紀から19世紀にかけて、カーネーションやつつましいナデシコまでもが貴族風の名を名乗るようになった。王侯貴族に敬意を表そうとするこうした風潮から、種苗園のカタログになんとも奇妙な説明が現われた。たとえばあるカタログには、カーネーション界の「ナポレオン3世」は、虚弱体質のため生かし続けるのが難しいといった具合である。フランス大統領でのちに皇帝に即位し65歳まで生きた精力旺盛な現実のナポレオン3世とは似ても似つかない。17世紀中頃、現実のポルトガル王はカーネーションの「ポルトガル王」に感心しただろうか。ハンマーによると、その最新の品種は「やや濃い暗赤紫色と白色」[14]の花で、花の大きさはほどほどだった。ヨーロッパ各地のカーネーションの名前をざっと見たあとで、ハンマーとともにベティスフィールドに安住の地を見出したカーネーションの中に、「ベザーのタウニー（黄褐色の花）」といった昔ながらの名前を発見するとなんだかほっとする。
ハンマーの『ガーデンブック』には、名前の一覧に続いて、カーネーションの栽培家に宛てた注意書きがある。それによれば、

冬のあいだ申し分のない陶器の鉢に植えておいたとしても、これほど枯れやすい花はない。冬の霜、春の風、夏の激しい日差しと炎暑、一年のどの季節であれ大量の雨。いずれもこの花の大敵である。カーネーションにはきちんと世話してくれる経験豊富で注意深い庭師が必要だ。そして夏にたくさんの花を咲かせたければ、大量の株を確保しておく必要がある。というのも毎年多くの花が枯れてしまうからだ。じつに世話の焼ける花である。

まるまる2ページにおよぶ注意書きに続いて、この花をどう世話し保護するかが記されている。それはほぼ際限ない作業で、たとえば、花の茎に結わえた支柱をしょっちゅう振ってハサミムシを振り落とす作業まである。1671年、ロンドンのデットフォードにあらたな庭園を造ろうと張り切る園芸家で日記作家のジョン・イーブリンのもとに、ハンマーからたくさんの植物が届いた。そこには、これらの草木をなるべく早く土に植えて、たっぷり水をやるようにというメモが添えられていた。ハンマーはイーブリンに次のように語っている。

昔、2年がかりで種から立派なジリフラワーを育ててみようと考えたことがありました（あと

カーネーションの「ナポレオン3世」、園芸雑誌「ヨーロッパの温室と庭園の花」（1845～1880年）より。手彩色、リトグラフ。

にも先にもそんな試みはこれが最初で最後でしょう。というのもイギリスは雨がちで、オランダやフランドルのように種の発芽に適さないからです）。ロンドンにはそこら中に立派な種苗店がありますから、わざわざあなたのお目にかけようという気になれませんでした。それに、長い道中に枯れてしまうのではないかと案じております。[15]

後世の本からわかるように、当時オランダはイギリスに「厖大な」数のカーネーションの苗を輸出していた。その苗は「ほどほどの相場で園芸家に売られ、さらにその園芸家が花を愛する人々に通常1本につき12ペンスで売っていたが、じつのところ、こうした金儲け目当ての連中は大半がペテン師」だった。[16]

デットフォードのイーブリンの庭は、彼の霊感の源泉にして「実験場」となった。彼は、世界中のあらゆる場所から植物を集め、自分の庭の塀の中にかくまった。これらの植物はすくすくと育ち、成熟し、枝を広げ、実をつけ、大地に種を落とした。こうしてイーブリンの庭は、その造作によっても植えられている草木によっても有名になった。イーブリンは、自著『園芸家の暦 *Kalendarium Hortense*』では、自分の庭にあるさまざまな品種のカーネーションの名前について多くを語ろうとせず、すべてひとまとめに「カーネーションとピンク（ナデシコ）」と呼んでいる。しかし、最大の野心作にして生前には刊行されることのなかった『イギリスの庭園 *Elysium Britannicum*』では、専用の鉢カーネーション・ポットに植えたものについても、境栽花壇に植えたものについても、たびたび言及し、17世紀中頃にはすでに普及していたものとその後伝来したカーネーションの名前を目録にまとめている。彼の目録は、ハンマーのものと同様にいくらか重複している部分もあり、やはり伝統的な品種とあたらしい品種が混在している。「私を無視しないで（パス・ミー・ノット）」、「お化粧した貴婦人（ペインテッド・レディ）」、「コモン・ハロー」、「ケントの美しい乙女たち」は、どれも伝統的なイギリスの名前だが、「ベル・アンファンタ」、「アマリルス公爵」、「プリンス・ルパート」は、その後加わった品種だ。[17] イーブリンはもちろん名前の混乱に気づいていて、緋色と白色の品種について「これらの中にも、またほかのすべての色の品種の中にも、複数の異なる名で呼ばれている花がある。こうした名前は、毎年、栽培家や花の持ち主の空想から生まれている」と語っている。彼は、色別に分類したカーネーションの品種を150ほど挙げたところで目録を終え、少々投げやりな口調で「残る数百以上の品種についてはお好きなようにまとめていただきたい」と締めくくっている。[18]

自分たちが育てている植物の名前を宣伝したのは、養苗園主や植物学者だけではない。次に紹介する魅力的な名前が書き連ねられた目録が今日あるのは、ひとりの詩人のおかげだ。マシュー・スティーブンソン（1654～1685年に活躍）の、17世紀後半の品評会、すなわち「饗宴」の場面を描いた「ノリッジにおける花の栽培家の饗宴にて——冠をかぶったフローラ」という詩には、当時もっとも人気があった華やかなカーネーションの名前が列挙されている。詩人は最初に「ユリとバラ」の魅力を切って捨てる（ただ、このふたつの花が王と女王の花であることは詩人も認めている）。スミレ、ヤグルマソウ、マリーゴールドも、八月の「カーネーション」の饗宴では「ちっぽけな宝箱」も同然と嘲笑される。それから詩人は、もっとも重要なカーネーションの名前をひとつずつ挙げていく。

お化粧した貴婦人《ペインテッド・レディ》
（ただし自然が描いたものだから、その美しさに汚点はないはずだ）
野生の森ではなく、庭で見かける稀少なダイアナ
男が見つめ微笑みを求めても
命を脅かされる危険はない
次なるは愛しい奥方、ベグローベネール
愛らしきコーマン、たぐいまれなるグランピール
スペックメイカーズ・ホワイト、タウニーズ・カンバーズ・コーネーション
称賛のほかは求めない花々。
ムリー、ムリオン、バリューダイク
好きになるのに知識は不要
美しきアメリア、ニンフ・ロイヤル、
テュルクス・キャップ、アドニス、ルグラン
ユゴナン、アペレ、フレンチ・マーブル
オックスフォードは王冠に付きもの
とはいえいまは町の外

ここにあるのは灰色のフロ、そして白のコーネーション並の賛辞では飽き足るまい。[19]

トーマス・ホッグという養苗園主は、カーネーション、ピンク・ナデシコ、オーリキュラ（アツバサクラソウ）、ポリアンサス、ラナンキュラス、チューリップ、ヒヤシンス、バラなどの園芸植物の世界におけるみずからの業績を宣伝するために本を出すことにした。1822年に彼が出版した本には、154種類のカーネーションとそれを上回る種類のナデシコとピコチーが掲載されている。ホッグの目録には数多くの「スポート（突然変異体）」が含まれている。[20] ホッグによると、これらの変異体は1818年の夏に現われたもので、ホッグと仲間の栽培家たちは、その年の夏はとても暑く雨がほとんど降らなかったためにこうした現象が生じたのだろうと考えている。こうした変異体は、18世紀には「ラン・フラワー［runには正しい方向から逸れるという意味がある］」とも呼ばれ、なぜこうした花が生じるのか、養苗園主や栽培家は頭を悩ませていた。ホッグは「正直なところ、私には理解することも説明することもできない。あえてここに述べた意見は……仮説、憶測、あてにならない見解に基づいたものに過ぎない」と述べている。[21] ある者は、太陽の熱が「胚に入っている」花に作用して、花びらがもっとも優生な色（通常は赤）に変化したのだと考えた。またある者は、「固定アルカリが植物酸や硫酸によって正しく中和されなかったために、自然の色が脱け落ちてしまった」と言った。じつにもっともなことではあるが、後者について、ホッグは「自分は化学の専門家でない」ため理解できないと断ったうえで、カーネーションの変異体は肥えた土壌で生まれる確率が高いという園芸家に同意している。そして、変異体が発生する「危険とリスク」を減らすために、混合土に混ぜる堆肥の量を制限して、植物をなるべく涼しい場所で育てることを勧めている。

色が薄くなったり、変異して別の色や模様になってしまったりするのを、ホッグがやっとのことで阻止したカーネーションの名前は、やはり、チューダー朝の無名人ではなく、当時の偉人や出来事を反映した名前、あるいはカーネーションを作り出した現役の養苗園主や栽培家にちなんだ名前が多かった。花を通じて歴史を学ぶことができる。ワーテルローの戦いの24年後に出版されたホッグの本は、「テートのワーテルロー」、「ウィルソンのネルソン卿」、「メイスンのウェリントン公爵」という名前の花があった。アメリカ独立戦争の戦場にちなんだ「フィリップのハリントン卿」や、少々貴族的な香りのする「プラマーのマナー卿」、「チャプレンズのダンカン卿」、「ハンフリーのクラレンス卿」、「ジェームズのクレイブン卿」といった名前もあった。

ホッグの本に登場するカーネーションの名前は、総じて愛国主義的な色合いが強い(「ストーンのビーナス」のようにちょっと色っぽい名前もあるが)。一方、黄色いピコチーの名前にはもっと大陸的な趣がある。ホッグも認めているように、黄色いピコチーの栽培には乾燥した暖かい空気が必要なため、ただでさえ気難しいカーネーション以上にイギリスやオランダでの栽培が難しかった。そのためほとんどのピコチーは、お似合いの名前と一緒に、イタリア、フランス、プロイセン、スイスから輸入された。[22]「ナポレオン」は、「ルイ・セーズ［ルイ16世様式］」や「ル・ドーファン・ド・フランス(フランス王太子)」と一緒にのびのびと葉を茂らせただろう。「オラニエ公」や「グラス

「レディ・アーディローン」、富裕な慈善家、初代アーディローン男爵の最初の妻にちなんで名づけられた。男爵は所有する数々の庭園によって名声を得た。

著者の庭に咲く「ミセス・シンキンス」。

伯爵（カウント・ド・グラス）」は「オルレアンの少女［ジャンヌ・ダルク］」や「マクデブルクの少女」と苗床《ベッド》をともにしたかもしれない。ピコチーの中で、とくに目を引く名前は「プリンセス・エステルハージ」だろう。名前の由来になった（人間の）トゥルン・ウント・タクシス家のマリア・テレジア王女は、1794年、神聖ローマ帝国の帝国自由都市レーゲンスブルクに生まれ、母親のメクレンブルク＝シュトレーリッツ公女テレーゼを通じて、イギリスで人気のシャーロット王妃（やはりメクレンブルク＝シュトレーリッツ公の娘だった）とも縁戚関係にあった。これらの称号や出自ではまだ不足だったのか、1833年、マリア・テレジアは、ガランタのエステルハージ家第8代当主パウル・アントン（ポール・アンソニー）に嫁ぎ、ガランタのエステルハージ公妃にして、トゥルン・ウント・タクシスの王女となった。そして外交官として活躍する夫に同行して、ヨーロッパ中の人々から賛美と崇拝を集めた。

小さなピコチーに「プリンセス・エステルハージ」とは、なんとたいそうな名前だろうか。こうした有名人や異国の土地にちなんだ名前に交じって、いかにもイギリスらしい風変わりな名前もいくつかあった。たとえば、ホッグが1822年に出版した本に挙げたナデシコの中には、「醜さの美」、「バークシャーの水牛」、「アグリッピナ」などという名前もある。「レディ・ハミルトン」や「ペンブローク伯爵夫人」が手に入るというのに、「農夫ピカリング」や「ホプキンのかかし」などという安っぽい名前の花に魅力を感じた人はいたのだろうか。こうした種々雑多な選択肢の中にはホッグ自身が作った花もあった。「ホッグのシリウス」は緋色のカーネーション、「ホッグのミセス・シドンズ」（1831年に亡くなった有名な悲劇女優サラ・シドンズに捧げられた花）は紫の縞のカーネーションだった。薔薇色とピンク色の縞の「ホッグのクイーン」と「ホッグのパディントン・ビューティ」もあった――カーネーションの気まぐれな性質と複雑な命名法を理解しようとした努力と奮闘の成果はいくらかあったようだ。

社交界の超セレブから名前を授かった「プリンセス・エステルハージ」の対極にあったのが「ミセス・シンキンズ」だ。1868年に花の世界に登場して以来いまももっとも愛されているディアンツス種のひとつだ。シンキンズ氏は、19世紀中頃、スラウの救貧院の監督官だった人物で、熱心なカーネーション栽培家だった。彼が庭で栽培していた花の中に、純白で濃厚な香りの花があった。その花は養苗園主チャールズ・ターナーの目を――そして鼻も――惹きつけた。ターナーはシンキンズ氏と交渉してその花の接ぎ穂を譲り受け、ロマンチストな監督官の妻の名前をつけるという条件で、市場に売り出す許可を得た。その後まもなく、ピンク色の「ミス・シンキンズ」も発売されたが、いまもミセスの方が人気がある。

お気に入りのカーネーションの名前をひとつ選ばなくてはならないとすれば、「シアトル・シャギー」を挙げないわけにはいくまい。ワシントンの園芸家レオネ・ベルは、1980年代、友人に紹介するにあたってこの花を「シアトル・シャギー」と命名した。その後ベル氏は、淡いピンクの八重咲きの、中央に深紅の目と濃厚な香りを持つこの花の起源を調査して、じつはこの花が18世紀末にスコットランドで誕生したカーネーションとナデシコの交雑育種「グロリオサ」であるという結論に達した。「グロリオサ」はアメリカに輸入されたあとで消失したと考えられていた。しかしベル氏は、最初の名前に戻すのではなく、「シアトル・シャギー」という名前を使い続けることにした。「シアトル・シャギー」は、名前からフリル状の花弁がぱっと連想されるだけでなく、現代人が考えた名前にもかかわらずエリザベス朝時代の趣を湛えた名前でもある。

第3章　神の花から異端の花へ

庭に咲くカーネーション
紅玉色、
純白、薄桃色
薄桃色の中に濃い紫が見えるものもあれば、
青みを帯びた紫の花もある。
甘く新鮮な香り
そしてどれも魔法のような色合い。
——ガート・ストライダム（1964年生まれ）、「庭のカーネーション」

1720年、凍てつく2月の午後、トーマス・フェアチャイルド（1667～1729年）がロンドンの王立協会会員たちにおずおずと示した植物は、世界にふたつとない存在であると同時に神を冒瀆する花だった。ディアンツス・カリオフィルス・バルバトゥス *Dianthus caryophyllus barbatus*。それはスイート・ウィリアムとカーネーションの交雑育種で、王立協会で行なわれた発表によれば、フェアチャイルドが経営するホクストン種苗店で偶然生まれたものだった。フェアチャイルドは熟練の養苗園主だった。その彼が、植物の生殖の理解におけるこの大躍進を「偶然の」出来事と主張したのは、事情を知らない者にすれば、虚偽とは言わないまでも謙遜が過ぎるように思われる。しかし当時は、あらたな品種や栽培変種を作り出す行為は、神の領域と栽培家の領域のあいだに潜むあやしげな領域に立ち入ることを意味した。その後フェアチャイルドの友人リチャード・ブラッドリーが主張するように、あたらしい種を作り出す行為は、神のふるまいを気取るも同然の行き過ぎた一歩だった。

フェアチャイルドは、科学者というより実務的な養苗園主で、彼自身は権威ある王立協会の会員ではなかったため、その偉業（偶然の産物だったか否かはともかく）を紹介したのは、友人の、医師で素人植物学者のパトリック・ブレアだった。ブレアはそのとき、まさに植物の生殖という物騒な話題を扱った植物学の論文集を発表したばかりだった。18世紀初頭、養苗園主も科学者も、交雑種形成、すなわち異なる種どうしを掛け合わせてあらたな品種や種を作り出す仕組みを理論として理解していなかった。「改良」、すなわち、花の色、葉の大きさ、耐寒性などの変更は、「スポート（突然変異体）」のような偶然か、理想からかけ離れた花を選んで根気よく物理的に取り除く、すなわち「引っこ抜く」作業によって実現された。また、栽培家や養苗園主の中には、植物の生育環境を変えることで変化を生み出そうとする者もいた。しかし植物の「育種」という概念は、その言葉に込められた性的なニュアンスのために猛然と退けられる状況が17世紀末まで続いた。科学者で哲学者のフランシス・ベーコン［1561～1626年］は晩年、「性交による発生が植物に敷衍《ふえん》される

人工的に着色したカーネーションの絵葉書。自然というより絵の具の産物だろう。

ことはありえない」と断言している。１６７４年、当時の一流植物学者のひとり、ジョン・レイでさえ、種子が誕生する仕組みやなぜ変異種がとつぜん生まれてしまうのかをきちんと説明できなかった。植物の変異の研究において名を上げたいと思っていたレイは、キリスト教の教義にかなう次のような結論を下した。人にはあらたな植物の種類や種を創造することはできない。なぜなら「神は6日間で天地創造の御業《みわざ》を終えられ、それによって種の数は決定された」からである。神が定められた数になにかをつけ加えようとするのは、私たちの仕事ではない、と。

この種苗家ないし栽培家は推奨されているとおりに鉢で苗を育てている。メアリー・ターナーによるエッチング（1867年）。

庭でのセックス。ハナアオイ属のクローズアップ映像は、昔の栽培家たちが夢にも思わなかった植物の性生活を暴露している。

とはいえ1670年代後半になると、もっと科学的な考え方をする園芸家や植物学者たちが、自然界は花壇の様子ほど無邪気ではないとほのめかすようになった。そして、レイの発言から20年も経たないうちに、花粉と種子の役割を解明する、また、植物の（ときには同じ苗木の）雄性部分と雌性部分をあきらかにする実験が行なわれるようになり、少なくとも理論の面では、神が創造するのを忘れていたあらたな牧草地に人類が進出するようになった。1694年には、ドイツ、テュービンゲン大学のルドルフ・カメラリウス［1665～1721年］が、植物は「互いに雄と雌のようにふるまう……アナロジーでも比喩でもなく、事実文字どおりそのようにふるまうのである」と主張した。カメラリウスは続けて、フェアチャイルドの偉業を予見するかのように、「難しいのは、これもまたあらたな問題ではあるが、別の種類の雄によって雌の植物を受精させることは可能だろうか。たとえば雄のホップによって雌の麻を受精させることは……その場合、変化は生まれるだろうか、生まれるとすればどの程度か、その植物は実を結ぶだろうか」とまで言っている。王立協会は、フェアチャイルドの「偶然の」交雑種形成の説明を聞かされる前にも、医師で植物学者のネヘミア・グルー「１６４１〜１７１２年」やイタリアの医者マルチェロ・マルピーギ「１６２８〜１６９４年」など複数の学者たちから、植物は、動物と同じようになんらかの方法で受精して種子をもうけているらしいという警告を受けていた。グルーによれば、それは「同じ手によって生み出された、同じ叡智《えいち》による仕掛け」だった。ただしそれまでと変わらなかったのは、なににせよそれは神が創造したシステムであり、神のみが変更を企てることができるという信念だった。１７２０年の凍てつく2月の夜、王立協会の面々にフェアチャイルドの「ミュール（雑種）」を（そして植物の生殖に関する自分の著作を）紹介するために立ち上がったパトリック・ブレアは、そのすべてを変えようとしていた。

最初にブレアは、オフリー・プレースの園芸家トーマス・ノールトン「１６９２〜１７８２年」が行なった実験を報告した。その実験は、小麦の種のまき方をいろいろ変えてみた結果、結実には雄の花と雌の花の結合が不可欠であることを「証明した」。続いて、「スイート・ウィリアムとカーネーションの中間の性質を持つ」あらたな園芸植物が、フェアチャイルドによって「発見」されたことが報告された。新種が見つかったフェアチャイルドの種苗店では、ふたつの異なる植物（スイート・ウィリアムとカーネーション）の種が「偶然ばらまかれ」、混じり合ったのだという。フェアチャイルドが、持参した貴重な包みを開くと、そこには押し花として保存された世界にひとつしかない花があった（なにしろそれは2月のことで、交雑種のカーネーションといえども開花をためら季節だった)。ブレアはさらに、小麦の栽培を通じて植物の雌雄を発見したノールトンという園芸家が、オフリーの庭でも非常によく似た異種交配種を「発見」していることをあきらかにした。彼の報告が、科学、園芸、神学にどれだけ重大な意味を持っていたかを考えると、王立協会が祝杯をあげるでも大混乱に陥るでも、あるいはその両方でもなく、会議をお開きにしなかったとは信じがたい気がする。彼らは粛々と会を進行し、ひと月前にダブリンで観測された流れ星や、結合双生児の誕生に関する記述について話した。その後、フェアチャイルド自身が、さなぎがゆっくりと根気よく蛾に孵《かえ》っていく様子を披露して場をなごませた。イモムシが蝶に変わるという現象も、17世紀後半、女性自然科学者マリア・ジビーラ・メーリアン[1647~1717年]によってようやく解明されたものだった。

フェアチャイルドの繊細な「ミュール(交雑育種《ハイブリッド》という用語が普及するのはこれよりだいぶあとになってからだ)は、ホクストンで生まれた苗の挿し木によって増やされ、短期間流行した。あらゆる交雑種同様、その花にも繁殖能力がなかった。カーネーションの親から優美でほっそりした葉と茎を、スイート・ウィリアムから釣り鐘状の花を譲り受けたこの植物は、正式には「ミュール・ピンク・フェアチャイルド(ディアンツス・カリオフィルス・バルバトゥス)」として記録された。エラズマス・ダーウィンも長大な詩『植物の園 *The Botanic Garden*』(1791年)で、この花に言及している。

カリオ[ナデシコ科]の甘い微笑み、ディアンツスの誇り

禁断の欲望を込めてまなざしは燃える
吐息と悲しみを込めて、彼女の哀れみが動く
そして乙女は邪恋に勝利する
怪物の子は父親の誇りを相続する
花嫁の美貌を綸子《りんず》のベールに隠して。

「怪物の子」の人気が冷めたあとも、その遺産は長いあいだ、現代の交雑種形成と、年に一度の教会の説教に活かされた。というのも、フェアチャイルドが遺言で教会に遺産を贈ったからだ。自分が一線を踏み越えて神の領域に侵入してしまったのではないか、不安だったのだろう。フェアチャイルドは教会に25ポンドを遺贈し(利子と合わせて毎年の説教につき20シリングの計算で)、「宇宙における神の素晴らしき世界、すなわち、宇宙における一部の動物と野菜のある変化によって証明された死者の復活の必然性」と題する説教を行なってもらうよう手配した。それは長年「植物の説教」と呼ばれ、ロンドンのハックニー通りにあるセント・レナード教会で行なわれてきたが、1981年からはセント・ジャイルズ・クリップルゲート教会に舞台を移していまも続いている。トーマス・フェアチャイルド自身の墓は、長年放置されていたが、いまでは整備されて周囲に庭も造られた。神に対抗してあらたなカーネーションを創造し、神聖なる神の化身を科学の目的に変えた男の墓石には、しばしば可愛らしいカーネーションの花束が供えられている。

フェアチャイルドが罰当たりな「ミュール」を創造する数十年前から、カーネーションの神聖な

トーマス・フェアチャイルドの墓石。スピタルフィールズの町について記録するブログの著者によって装飾されている。

色合いを改良しようとする栽培家たちによって、私生児をもうけるという罪深い行ないがすでに重ねられてきた。植物にも性生活があることを知らないまま、栽培家たちは、自分たちが選んだ有望な株と偶然生まれた変異体を掛け合わせることによって、こうした「私生児」を作り出した——17世紀初頭の「チューリップ狂騒」の時代にオランダと北ヨーロッパの一部の地域でも見られた手法だ。すでに1597年に、ジョン・ジェラードは『植物史』の中で少々不安げに、

今日、じつにさまざまな種類の植物がカリオフルスという名前で呼ばれている。多様な色、姿、かたちのものがあるため、またこの花がいかに数かぎりないか、毎年、毎季節、あらゆる国に、これまで記録されていなかった新種が生まれているかを考えれば、どれほど長大な本であろうと、すべてを書き記すことはできない。

実際にはジェラードは、一見手に負えないほど急激に増加し、のちにさまざまな種や品種として認識されるカーネーションをわずか6ページにまとめ、さらにスイート・ジョンやスイート・ウィリアムのために2ページを追加した。文章や挿絵の中で、彼がまっさきに取り上げたのは、「グレート・カーネーション・ジロフラワーとクローブ・ジロフラワー」だった。ジェラードは、このふたつの花の外見上の違いは葉と花の大きさだけで、形はたいして違わないと言っている。ジェラードによれば、グレート・カーネーション・ジリフラワー［ジロフラワー］は、クローブ・ジリフラワー同様、雨や寒さに弱いので、つねに鉢に植えておくのがよいが、クローブ・ジロフラワーは地面に植えてもかまわないだろうとある。ヒュー・プラットは、『楽園の花 *Floraes paradise*』（1608年）で、ジェイコブ親方の「グラス・ハウス」のかまどの温もりによって栽培されたカーネーションについて、羨望のこもった口ぶりで語っている。「グラス・ハウス」とは、じつは植物用の温室ではなく、ガラス工房の中の暖かい場所のことで、ジェイコブ親方とは、ヴェネツィアにあるガラス職人の島ムラーノ出身のジャコモ・ベルツェリーニのことである。ジャコモはアントワープを経由してロンドンにやってきた。だから、ガラス職人としての腕はイタリア仕込みだっただろうが、彼のカーネーションはオランダ生まれかもしれない。

これらが17世紀初頭の代表的な庭園用カーネーションだった。彼らは園芸家や養苗園主たちをそそのかして神のまねごとをさせたのだろう。シェークスピアの『冬物語』（1610年頃）（松岡和子訳、ちくま文庫ほか）に登場する、羊飼いによって田舎風に純朴に育てられた無邪気な少女パーディタは、「カーネーションと縞のあるジリヴァー［縞セキチク］」を、「自然の私生児とも呼ばれる」

花だと言う。世間知を備えたポリクシニーズ王がこれらの花々を擁護しても、パーディタは、自分の「ひなびた庭」に、自然の掟に反したこれらの花を入れようとは思わないと返答する。するとポリクシニーズは次のように主張する。

だが、その人工のわざそのものも自然によって作り出され、
おかげで自然はよりよくなる。だから、あなたの言う、
自然に加えられた人工のわざも、じつは自然が作り出す
わざなのだ。いいかな、お嬢さん、われわれ人間も
野育ちの幹と育ちのいい若枝を結婚させ、
高貴な芽によって卑しい木に
子供を宿らせることもある。これもまた
自然を改良する――というよりむしろ――
自然を変える人工のわざ、
そのわざそのものが自然なのだ。（第4幕 第4場）

シェークスピアはこのように、「縞のあるジリヴァー（縞セキチク）」を戯曲で大きく取り上げ、生まれと育ちの役割について論じただけではなく、異なる種類の植物どうしを結婚させてあらたな株を作るという営みによって、人間が宇宙の中で果たす役割をめぐる同時代の議論も芝居に取り入

れた。この戯曲が、1623年にシェークスピアの作品集におさめられて出版される頃にはパーディタも、みるからに渋々「はい、そうです」と言って議論を打ち切るのではなく、態度を軟化させてポリクシニーズの意見に心から同意し、「縞セキチク」を何種類か庭に植えていたかもしれない。『冬物語』が出版されてからフェアチャイルドが王立協会で「ミュール」を披露するまでほぼ100年。その間、園芸家や養苗園主たちが苦心惨憺《さんたん》して作り出した「自然の私生児」はおびただしい数にのぼった。とはいえ、カーネーションとスイート・ウィリアムを引き合わせようという単純かつ挑戦的な試みを行なう者は誰もいなかった。

16世紀末頃、ロサ・ガリカオフィキナリス *Rosa gallicaofficionallis* の自然の「スポート（突然変異体）」、縞のあるロサムンディ［花の大きさは8～9センチほど、ローズピンクの地に淡い白っぽいピンクが混じった絞り模様の半八重咲きのバラ］がこつぜんと現われて世間を騒然とさせた。世の収集家たちはこのバラを手に入れようと血眼になった。サー・トーマス・ハンマーも、未刊行に終わった『ガーデンブック』（1659年）でこの花に触れている。同時代の説明によると、まだらや縞の色の組み合わせは、あらゆる花の収集家を魅了した。ジョン・ジェラードは混乱するほど多様と言ったが、彼の時代には、カーネーションとナデシコの色は、白か、赤か、紫か、ピンクしかなく、花びらは「ギザギザ」タイプか羽毛タイプのどちらかで、八重の花はまれだった。「ごちゃごちゃした」まだら模様が市場に出回っているのはスイート・ジョンだけで、それも「ロンドンの一部の庭」にしかなかった。黄色いジリフラワーを所有している庭はひとつ、それはジェラードの庭だった。しかし事情はすぐに変わった。ジェラードの本が、カーネーション、ナデシコ、スイート・ウィリアムに

1717年に作られた、この作業袋の縞模様の花から当時流行していたカーネーションがどのようなものだったかがわかる。

6ページしか割いていないのに対して、1629年に刊行されたジョン・パーキンソンの本は、さまざまな姿かたちのディアンツスに14ページを費やしている。植物学者のジョン・レイは1704年に出版した『植物誌 *History of Plants*』の最終巻で、360種類を超えるカーネーションを紹介している。しかしそれらのすべての花には共通点があった。この花は変異や変化を起こしやすかった――とりわけ種子から栽培された場合には。パーキンソンは『太陽の楽園、地上の楽園』で、黄色や黄褐色のジリフラワーについて次のように記している。

この種類は、ほかのものに比べて実をつけやすい。……そして、地面にまいた種からすばらしい花が咲く。一重の場合もあれば八重の場合もある。母親の苗より花の色が薄い場合もあれば濃い場合もある。一部の苗はほとんどの花びらに縞模様がある。一重であれ八重であれ、さまざまな種類のジロフラワーの、まだら模様のあるカーネーションのように、縞や斑紋があるものもある。母親の苗のように花全体が単色のものもある。たいがい親より八重になることが多い。そうでなければナデシコのように、花びらが一列にならんだ一重である。同じように花びら全体が深紅で色が濃かったり薄かったり、さまざまな種類の斑紋があったり、八重だったり、ナデシコのように一重だったりする。あるいは淡紅色で一重か八重、そしてきわめてまれにではあるが白い花が咲くこともある。ただしどの苗も緑の葉はほとんど、あるいはまったく変わりがない。

つまり、葉は同じような姿かたちをしていても、どんな花が咲くかは誰にも予想がつかないということだ！

なぜこのように変異しやすいのか。花にも性生活があるとは誰も夢にも思わなかった時代、その仕組みはほとんど理解されておらず、結果、矛盾するふたつの結論が導かれた。17世紀から18世紀初頭にかけて急増した花の愛好家や栽培家たちは次のように考えた。ある特定の形状のカーネーションもしくはナデシコを手に入れたいならば、いずれ時が解決してくれる。神が神聖なる花に授けたおびただしい形、大きさ、模様の中から待望の花はかならず現われる。しかしそれには続きがあった。ある特定の形の花を育てたい、あるいは複製したいと思うなら、その花に好き勝手に種をばらまかせておいても無駄である。人間の介入が必要だ、というものだった。

「チューリップ狂騒」が北ヨーロッパを席巻していた頃、花の色や形を人為的に変化させるためにいくつかの方法が試みられた。チューリップは、種から育てて花が咲くまで数年を要し、球根を育てたり分けたりする方法も時間がかかるうえに不確実だったので、それはたいへんだった。花の色が変わるように、有色染料などの成分を土に混ぜるのは人気の方法だった（成功することはなかったが）。たとえば、白いチューリップの周囲に血や煉瓦の粉をまけば、紅白のチューリップが咲くと考えられていた。赤いチューリップの球根に石炭の粉塵をまけば紫色のチューリップが咲く。それどころか当時たいへん珍重されていた黒かミッドナイト・ブルーの花が咲くとさえ言われた。赤いチューリップの球根と白いチューリップの球根を半分に割って、割った面同士を合わせて縛って埋めるのも人気の方法だった。待望する「燃え立つような」赤や深紅、純白の花は、分割されて弱った球根が感染するウィルスが原因だったことを考えれば、この方法でうまくいくこともあったのだろう。サー・ヒュー・プラットは自著の読者たちに、月の満ち欠けを利用して「一重の花を八重にする」方法を教えた。月とその満ち欠けは悪魔の所業と考えられていたので、その方法は厳格な清教徒たちを苦悩させただろう。プラットの『楽園の花』によると、ジリフラワー、ナデシコ、バラ、デージー、チューリップを八重にするには……

葉があまり生い茂らないうちに、ジリフラワーの株を抜き、たっぷり水をやる。満月の3日後にこれを行ない、新月になる前にあと2回抜く。これを痩せた土地で、あらたな満月の3日後に同じようにまた抜く。新月になる前にもう一度抜く。それから、三度目の満月に……ふたたび抜く。そしてよく肥えた土地に植えれば八重の花が咲く。

チューリップであれディアンツスであれ、土に石炭や血を混ぜたところで、やがて咲く花の色に影響があるはずがない（ただしカーネーションの切り花を色水に浸して花の色を変えることはできる）。そして苗木を立て続けに引っこ抜いたり植え直したりすれば、月の状態がどうであれ、健やかで幸せな花が咲くはずはない。最終的に、カーネーションの愛好家たちに残されたのは、種か挿し木を使って選択を行なうという時間と根気の要る方法だった。

1666年、ジョン・イーブリンの『園芸家の暦』には、「ナデシコ、スイート・ウィリアム、カーネーション」の種は3月にまくとある。しかしすでに見てきたように、園芸用ディアンツスの種は、当時の薬草学者たちからはとりわけあてにならないと考えられていた。むしろ中世からチューダー朝にかけて実践されていたのは、「接ぎ穂」、すなわち苗の枝を取って根付かせる方法で、より期待に添う結果が得られることも認められていた。ウィリアム・ローソンは、『田舎の主婦の庭』（1618年）で、ジリフラワーの株を増やすには、主婦は「3年か4年、接ぎ穂を取って（茎は残して）、極端に寒い日を除きいつでも植える」ことを推奨している。手当たり次第に株を増やすこのやり方から、栽培家が、ある特定の色やかたち、斑紋のある苗からだけ接ぎ穂を取って、その特性を少しずつ伸ばしていこうとするまで、あとほんの少しだった。まっさきに求められた特性は、バラやチューリップと同様、縞や筋の入った花だった。濃い赤や紫の地に白の縞や筋の入った花が好まれた。これらの花は、1629年にパーキンソンが『太陽の楽園、地上の楽園』（第2章参照）を著す頃にはすっかり定着して、多かれ少なかれ固有のパターンと名前を持つようになっていた。絞りのナデシコは、縞模様のバラや、燃え立つような赤いチューリップに比べて地味だったにもかかわらず、花愛好家たちの小さな集まり以外の人たちから疑惑の目を向けられていた。

英仏海峡の反対側でも、好ましい色のカーネーションを入手する方法について同様の混乱が起きていた。ルイ14世の時代、園芸家のルイ・ブーランジェによる、園芸用ナデシコとカーネーションに特化した『カーネーションの園芸 *Jardinage des oeillets*』（1647年）には、栽培家たちが採用していたいくつかの方法が紹介されている。たとえば、

粗い土を砕いた日当たりのよい場所に、カーネーションの接ぎ穂を植えて少々水をやる。15日

18世紀フランスで、カーネーションとナデシコはたいへん人気があった。『パリの物売りたち *Les Cris de Paris*』（1738年）にも花売りの姿がおさめられている。

から20日間、赤や黄色などの色水をやる……するとその挿し木の種から、色水に応じてこれまでと異なる色の花が咲く。

ほかにも、「稀少で美しい」青いカーネーションを咲かせようと、カーネーションの種を野生の青い花のチコリの根と混ぜたり、縞模様のカーネーションを作ろうとして、斑入りの花の種とカーネーションの種を混ぜ合わせたりする者もいた。ブーランジェが著作を献呈したジョフレ・リュリエは王の執政官で、公私にわたり国王の相談役を務める以外に、国政に関わる職務をいろいろ抱えていたが、余暇には「パリにある［自分の］快適な住まいの中のこの世の楽園」でカーネーションの栽培にいそしんでいたらしい。ブーランジェは、17世紀中頃、フランスに大勢いた好奇心旺盛な栽培家《キュリオ・フルーリステ》のひとりだった。彼らもイギリスの栽培家たちと同様、自分たちの好奇心は神を冒瀆するものではないことを世間に納得してもらおうと必死だった。現に『花の栽培 *La Culture des fleurs*』という本の匿名の著者は、花壇の世話が必要なのは、それが私たちに魂の手入れをしなくてはならないことを思い出させるからだと言っている。シェークスピアの『オセロー』［松岡和子訳、ちくま文庫ほか］に、「俺たちの体が庭なら、俺たちの意志はその世話をする庭師だ」というイアゴの台詞が出てくるが、『花の栽培』にも「（親愛なる読者諸君は）よくご存じのとおり、あなたの花壇はあなたの魂そのものである。自分の庭の草木の手入れを怠れば、神の裁きの日に罰が下されるであろう」というよく似た言葉が出てくる。[1] このように、当時の栽培家たちは、花をあがめたてまつることは、神と神の御業をあがめたてまつる手段のひとつとみなしていた。花の栽培は魂

を耕す練習になった。ブーランジェも、リュリエも、彼の仲間の「好奇心旺盛な栽培家たち」も、『花
の栽培』の匿名の著者も、カーネーションの種にはすでに未来の花のパターンが内包されていて、
カーネーションの種と青い花の種や茎をいくらがんばってひとつにしても、花の色を変えることは
できないと気づいていなかった。それがあきらかになるのは、おしべとめしべと花粉の役割と、植
物のまさに性生活が暴露されてからで、その結果、神のありがたみは少々薄れた。
フェアチャイルドが王立協会で「偶然生まれた」交雑育種を披露してから約200年後、イギリス王立園芸協会が史上初の交雑育種学会を開催した。まさにそのとき、工業化の世紀、革新と帝国の世紀と称えられた19世紀は幕を下ろそうとしていたが、学会の議長が述べているように、交雑育種はこうした変化からすっかり取り残されていた。その事業が孕《はら》んでいる科学と道義性をめぐる疑念に阻まれて、フェアチャイルドに続く勇気のある者はほとんど現われなかった。それどころか会議の議事録には、王立園芸協会の会員の多くが神に対して良心の呵責を感じていると記されている。交雑育種は、「自然に生まれる」か、悪行の巣窟である「国外」から運び込まれるのでないかぎり、王立園芸協会の展示会に登場することはまずなかった。ビクトリア朝末期にあっても、神の花の私生児の末裔《まつえい》はいまだに衝撃力を持っていた。

第4章　栽培家、織物職人、小作農

一刻の躊躇もなく
ダイヤモンドがはめ込まれた金の腕時計より
一輪の美しいカーネーションを私は選ぶだろう。

――ウィリアム・コベット（1763～1835年）
著述家。18世紀の農民生活や農業問題について著述を行なった。

17世紀のイギリスで、カーネーションは二重生活を送っていた。つつましい平凡な種類の花は、田舎の狭い土地に植えられて、見る者を楽しませ、落ち込んでいる人々を元気づけ、香りのよい花びらはハーブ・ティー（ティザン）や花束に重宝され、ミツバチの餌となった。一方、もっと稀少な縞や斑紋のある種類は、付き添いと一緒に、饗宴や、展示会、品評会に出かけていき、その美しい縞や斑紋を見せびらかして、公私ともに華やかな模様に彩られた生活を送る男女に刺激を与えた。職人ギルドの伝統から生まれた栽培家協会は、イギリスでは早くも1630年代に誕生し、17世紀

ウイエ・リエージュ、「ベルギー園芸」（1851 ～ 1885年）より。18世紀から19世紀にかけて、ベルギーはディアンツスの多数の新種や交配種を生み出した。

「栽培家のウイエ」と記されている。エドゥアール・モーベール、『自然史百科事典』（1841 ～ 1849年）より。この絵はカーネーションの多様な色と姿かたちをとらえている。

を通じて、フランスから続々と避難してくる花好きのユグノー（新教徒）たちを受け入れて拡大した。栽培家協会には、植物どうしの関係について深い考察をめぐらす植物学者はいなかった。彼らは職業的な育種家でさえなかった。そのため、植物の生殖器官に基づく分類法を考案したカール・リンネは仲間の科学者たちに、「まっとうな植物学者は栽培家協会にゆめゆめ入るべからず」と警告している。代わりに協会にいたのは、花そのものを愛で、あっと驚く意外な新種に歓喜する人々だった。新種の中には品評会で（文字通り）連戦連勝をもたらしてくれるものもあっただろう。

最初に栽培家協会が相手にした花は、カーネーション、チューリップ、ラナンキュラスといったごくかぎられた花だったが、すぐに、オーリキュラ、ヒヤシンス、ポリアンサスが仲間入りした（どの花も、なんらかの形のシェルター、すなわち納屋《シェッド》を必要としていたことから、まとめて「納屋花《シェッド・フラワー》」と呼ばれた）。ナデシコは１７７０年代から90年代頃、やっとこの神聖な集まりに入れてもらうことができた。この頃には、花びらのフリンジが控えめな半八重咲きの品種が開発され、それらの花が栽培家たちのあいだで人気を呼んだ。19世紀末になると、アネモネ、キク、ダリア、タチアオイ、パンジー、そしてかなり議論になったピコチー［花弁の縁が地の色と異なるカーネーション］の品評会も催されるようになった。その頃には花の展示会は、貴賤を問わずすべての階層のありとあらゆる花の愛好家たちに開かれていた。しかしそれはすべてかなり時が経ってからの話で、17世紀には、栽培家協会の会員は自分の趣味と植物を育てる庭をまかなう財力のある者にかぎられていた。多くの場合、花は、当時は高価だったガラスではなく粗い帆布の下で栽培された。

１６８２年、サミュエル・ギルバートは『栽培家便覧 *Florists vade mecum*』で、「値打ちのある花を好む栽培家は、田舎の女性たちのあいだで人気の取るに足りない花は相手にすべきでない」と述べている。1754年には多くの団体で、カーネーションを覆いも囲いもない戸外で育てることは顰蹙《ひんしゅく》を買う行為とみなされるようになっていた。その年の『スコットランド園芸家便覧 *Scot's Gardeners Director*』で、ジェームズ・ジャスティスは、適切な棚《ステージ》の上で鉢に植えて育てれば、屋外でずさんなやり方で育てるよりもずっとよい花が咲くと宣言している。

こういった初期の協会に欠かせなかったのが「栽培家たちの饗宴」だ。協会の集会はパブで行なわれることが多く、酒を何杯注文しなくてはならないかという規則まであったらしい。審査のために花を正午に提出すると、午後1時から正餐がはじまり（「並」か「並の上」の定食が供された）、午後4時に審査結果が発表されたが、その間参加者たちはたらふく飲むことができた。当時の新聞記事を読むと、最終結果が発表される頃には、たいがいどの会場もお祭りムードに包まれていたことがわかる。ハックニーで行なわれたカーネーションの展示会では、会がはねたあとで「大行列がハックニーの目抜き通りを行進した。協会の幹事たちは麗々しく仕立てられた『花の冠』をかぶり、音楽隊が付き従っていた」という。[1] よく言えば、バッカス祭もかくやと思われる光景だったことだろう。ただし、展示会は最初から最後まで「きわめて品行方正に」執り行なわれたという記事の言葉は信じがたい。偶然にも、品評会で受賞したという「全開のカーネーション」という記述から、大輪の花を咲かせると花を保護する萼《がく》が破裂してしまうタイプと、萼が無傷で残るタイプとが区別されていたことがわかる。1631年、ノリッジ栽培家協会では、春の集会に際して「バラとアイリス *Rhodon and Iris*」という劇が上演された。翌年の集会でも、会を祝福する詩の朗読と劇の上演が行なわれている。以前に比べて協会には教養ある人たちが多くなっていたようだ。少なくとも劇の前口上によると、ノリッジの協会には「素性も人柄も紳士で、氏がわが町の住民であり、氏と交際を結べることが町の誉《ほま》れでもある」人物もいた。協会のメンバーのひとり、ウィリアム・ストロードは礼拝堂付き牧師からノリッジの主教になった人物で、詩集も1冊出版していた。ストロードのおかげで、当時、協会の饗宴やどんちゃん騒ぎに疑惑の目を向け、栽培家たちはキリスト教の神が創造した花ではなく花の女神フローラを崇拝している、と言って非難していたノリッジの清教徒たちの不安もいくらか鎮まったのではないか。ただし、牧師が詩歌とナデシコにのぼせていたことは、清教徒たちには面白くなかっただろう。神の花が品評会の花とされていたことも、古い考え方の人たちを落ち着かない気分にさせただろう。

栽培家協会の初期メンバーは「郷紳《ジエントリ》［イギリスで貴族階級の下の中流上層階級］」だったが、18世紀初頭以降、主流は中産階級に移り、商人や小売店の店主、聖職者が展示会を主催するようになった。古くから聖職者には植物を愛する人が多い。時間にゆとりがあり、かつ、神の役割と人間の役割のあいだに潜むグレーゾーンを行ったり来たりしているからだろうか。そんな聖職者のひとりがウィリアム・ハンブリーだった。彼が1771年に発表した『栽培と園芸のすべて *A Complete Whole Body of Planting and Gardening*』には、栽培家協会の会員が、労働者や「製造業者」へ、より正確には職人たちに移っていった様子が記されている。ハンブリー師はレスタシャー州ラングトン教会の教区長だった。レスタシャー州には複数の栽培家協会があり、その大半が花の展示会を年に2回開いていた。1759年7月に開催されたレスター栽培家協会展示会のカーネーション部門には、「全開」部門、「ピコチー」部門のほか、もっと間口の広い「最良にして最高に美しいカーネーション」部門があった。1790年代には展示会の開催は夏のみとなっていたようだが、カーネーションとナデシコを対象にした16もの異なる賞があった。その中にはまだらの模様がある「ブロークン」部門、「ビザール」部門、一色の縞が入った「フレーク」部門、「ピコチー」部門や、すぐれた苗木に与えられる賞、異なる色別の賞があった。カーネーションの展示会はすぐ近くのマンスフィールドやアサーストーンでも開催されていて、アサーストーンの展示会には女性も入場することができた。

1772年7月15日付の「ジャクソンズ・オックスフォード・ジャーナル」紙には、オックスフォードシャー州で開催される栽培家の饗宴がなんと3つも宣伝されている。8月3日月曜日には、バンベリーの「女王の首《クイーンズ・ヘッド》」にて、「異なる種類の、6つの最高にして完璧に全開のカーネーション」の出品者に大きな銀の匙《さじ》、2等賞の出品者には賞金5シリング、もっともすぐれた苗木の出品者には賞金2シリングと6ペンスがそれぞれ贈られた。翌日、オックスフォードの「船《シップ》」というパブでも、同じ部門ごとの品評会が行なわれ、ここでも優勝者には大きな銀の匙が贈られた。翌週8月10日の月曜日にも、まったく同じことがバイチェスターのパブ「白鳥《スワン》」で繰り返された。品評会の賞品はたいてい銀の匙かひしゃくで、カーネーションやオーリキュラの腕のいい栽培家は、家族の人数分の銀の匙をそろえたうえに、銀のかぎたばこ入れまで手に入れられただろう。ノッティンガムでは、1775年に栽培家の集会がはじまったらしい。カーネーションの品評会の会場は「牡牛の頭《ブルズ・ヘッド》」というパブで、お決まりのどんちゃん騒ぎも行なわれた。

栽培家で養苗園主のトーマス・ホッグは、カーネーションを含むさまざまな園芸用植物の成長と栽培方法について記した『カーネーション、ナデシコ、オーリキュラ、ポリアンサス、ラナンキュラス、チューリップ、ヒヤシンス、バラ、その他の花の栽培に関する実践的論考 *A Practical Treatise on the Culture of the Carnation, Pink, Auricula, Polyanthus, Ranunculus, Tulip, Hyacinth, Rose and Other Flowers*』(1822年)で、一部の栽培家仲間のふるまいに対する冷ややかな洞察を展開している。ホッグのためになる話には、サミュエル・グリーンホーン「グリーンホーン Greenhorn は「青二才」という意味の俗語」なる駆け出しの栽培家が登場する。サミュエルは、熟練の栽培家たちから賞品をかっさらってやろうとひそかに新種のカーネーションを育てて、50マイル離れたロンドンの町にはるばる出向き、「バターシーとチェルシーの中間のどこか」で開催された栽培家協会の展示会に自分の新種のカーネーションを出品した。協会の会員たちにさんざん苗木を褒められて、すっかり気を良くしたサミュエルは、彼らのグラスに酒を注ぎ、自分の新種の苗木は「グリーンホーンの皇帝」、「グリーンホーンの女王」、「可愛いマーガレット」(彼の妻の名はマーガレットだった)というのだと誇らしげに紹介した。世間知らずのサミュエルのおごりで、あらたな「友人たち」は夜になっても飲み続けた。貪欲なうわばみたちのせいですっからかんになったサミュエルは、新種の苗木を置いて店から逃げだそうとした。すると、ついに彼の財布が空になったことに気づいた栽培家たちは外の通りまで追いかけてきて、先刻褒めそやしたばかりのカーネーションに罵声を浴びせた。おまえの皇帝にはびた一文の値打ちもない、おまえの女王はそこらの雑草も同然、可愛いマーガレットちゃんは薄汚れた赤いガーターだ。

ホッグの著書に登場する「サミュエル・グリーンホーン」はこれに懲りたかもしれないが、花の品評会や展示会に加わろうとする労働者階級の栽培家はあとを絶たなかった。彼らは称賛と、おそらく賞金を求めて近郊の町に出かけていった。1844年、社会評論家で詩人のウィリアム・ハウイットは、ダービーシャー州に住む大勢の小作農たちこそ「もっとも熱心で腕のいい栽培家」であり、最高品質のカーネーション、ラナンキュラス、ポリアンサスを育てていると言っている。こうした多くの花には、花を育てている村人自身か、彼らが住んでいる村の名前がつけられた。ハウイットは、ハフトン、バーカー、レッドゲートはみな「私にはなじみ深い人々である。彼らは自分たちが住むひなびた界隈からほとんど出たことがないにもかかわらず、その名はこうして全国に鳴り響いている」と述べている。[2] ハフトンはダービーシャーに住む長靴下職人で、カーネーションを専門に育てていた。当時はたいへんな有名人で、1851年には「ミッドランド・フローリスト *Midland Florist*」誌の記者にインタビューされている。ハフトンはインタビューの中で、自分の庭は「南に面しており、広い森によって北東の風から守られている」と語っている。森では腐朽葉や「ヤナギの粉」を集めることができた。「ヤナギの粉」は、当時栽培家のあいだで魔法の「粉」のごとくおおいに珍重されていたもので、その名が示すとおり、ヤナギの枝と枝のあいだの隙間に詰まっていた。架空の新参者サミュエル・グリーンホーンと違って、カーネーションを出品するのもハフトンには手慣れたものだった。牛乳桶を運ぶ乳搾り娘のように、木箱に入った1ダースの鉢を天秤棒からぶら下げて、ノッティンガムまで歩いて行くこともよくあった。ハフトンのカーネーションの中には地主にあやかった名前の花もあった——ハフトンが家持ちでない、勤勉な小作人だったことを思い出させる事実だ——しかし、なんといっても彼の名を世間に知らしめたのは「ハフトンの壮麗」という花で、白い地に赤い筋が入ったフレークだった。この花は19世紀においてもっと人気の品種のひとつとなった。ハフトンの本業は長靴下作りで、自宅が職場だったため、花にたえず注意を向けることができた。家を長期間留守にすることも、夏の終わりの、農家がもっとも忙しい収穫期と、カーネーションの展示会の開催期間がかち合って支障をきたすこともなかった。

カーネーションとイギリス中部地方の織物職人の関係について最初に記したのはウィリアム・ハンブリー師だった。18世紀末に書かれた、展示会用の花の植えつけと栽培に関する師の著書には、労働者階級および中産階級のあいだで栽培家と彼らが催す饗宴の増加が記録されている。師は、「よくあるように、織物職人に賞品を持ち逃げされても、園芸家諸氏は気を落とさないように」と呼びかけている。織物職人は、毎日自宅で手織り機に向かって長時間働いていた。家族ぐるみで織物業に従事している場合も珍しくなく、そのためハンブリーの著書にあるように、「優勝候補のオーリキュラやカーネーションから優美さを奪い取る」雨が少しでも降ったり、冷たい風が吹いたりすれば、さっと庭に駆けつけることができた。実際、ハンブリーによれば、彼らにはつねに「［自分たちの］鉢を日当たりのよい場所に出したり、日陰に戻したりする態勢が整っていて、花を空気に当てて活力を与えることも、黒雲がちらりとでも見えたら覆いを掛けてやることもできた」。師は、このようにつねに油断ない態勢を取ることによって、職人たちは「本業にもいっそうきびきびと取り組む」ことができると結論している。ただしそうやって始終慌ただしく家を出たり入ったりしていれば、肝心の布に傷がついて、「出来高制の仕事」の方が収入が減ってしまうことはなかっただろうか。[3] オーリキュラは、ランカシャー州やヨークシャー州といった北部の雨がちな地域で、家族

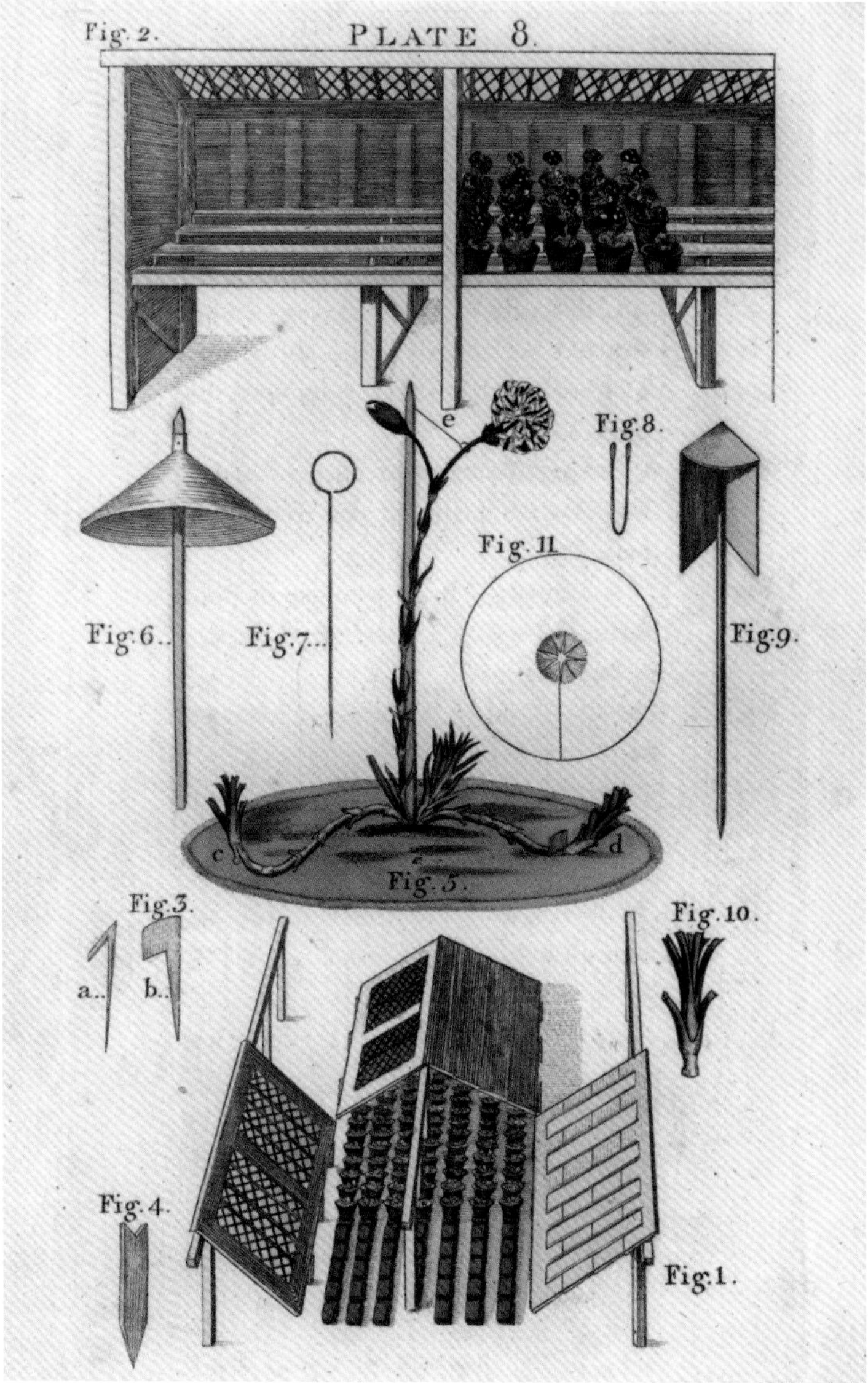

オーリキュラとカーネーションの冬の保管所の図。ジェームズ・マドック、『栽培家便覧』（1810年）より。

経営の製造業者や織物職人たちに好まれたが、小さくて耐寒性のあるナデシコは、ダーラム州やノーサンバーランド州の炭鉱労働者たちに、なかでもスコットランドのペイズリーに住む織物職人たちに熱烈に支持された。

当初は栽培家に相手にされなかったナデシコが、はじめて展示会に登場したのは1770年のことで、出品されたのは「ランカスター公爵夫人」という品種だった。この花は、花弁の縁がのこぎり状ではなく丸みを帯びているレース・ピンク（ナデシコ）で、目を奪う美しい模様のために80ポンドの高値がついた。八重咲きの品種もすぐに登場した。そのひとつ「レディ・ストバーデール」は、養苗園主ジェームズ・メージャーが1770年頃に開発した品種だった。「レディ・ストバーデール」は「ランカスター公爵夫人」の子孫で、花の地は純白、花弁の外縁にくっきりとした黒い帯があり、中央に黒い目があった。色彩の渦の中で働いていたペイズリーの織物職人たちに、白と黒というモノトーンの組み合わせが珍重されたとは不思議な気がする。そのほかにも、紫や深紅、赤色の模様の品種も人気があったが、地の色はつねに白だった。ペイズリー栽培家協会も、「フィンドレーソンの美しい娘」、「ロバートソンのやさしい羊飼い」といった独自の品種を発表した。「ロバートソンのやさしい羊飼い」はペイズリー出身の有名な織物師ロバート・タナヒル［1774～1810年］の詩の題名でもある。タナヒルによって、ふたたびこうして詩と花の栽培家が結びつけられた。ナデシコが「栽培家の花」という排他的な集団に完全に受け入れられたことは、1792年に出版されたジェームズ・マドックの『栽培家便覧 *The Florist's directory*』にナデシコが入っていることからもあきらかだ。ペイズリー栽培家協会は、会員が全員閲覧できるようにこの本

19世紀中頃、ペイズリーの織物職人によって織られたショール。ペイズリーと花という通常にない組み合わせの模様。

を1冊購入して、年長者から順番に貸し出すことにした。[4]ところが、本がしばらく行方不明になったため、本は、毎回そのときの借り主がかならず集会に持ってきてみんなで閲覧できるようにするという規則が定められた。織物職人たちは、縁取りや模様のあるナデシコの挿絵をくいいるように見つめて、次の集会までその姿かたちを頭に叩き込んでおいたのだろう。国教会に反対の立場を取るペイズリーの牧師W・フェリアー師は、花に対する興味を、余暇だけでなく本業である織物の模様をさらに趣深いものとするために活用するよう職人たちに勧めた。涙のしずくの模様を表す「ペイズリー」という言葉は、この柄の織物を量産していた町の名前（ペイズリー）が起源だが、模様そのものが生まれたのはインド北西部カシミール地方だ。もともとはもっと丸みを帯びた松ぼっくりのような形をしていて、イスラム圏やペルシアの扇形のカーネーションの絵に似ていなくもない。その後、しだいに垂れ下がったほっそりとした形になっていった。

１７６０年代、ペイズリーには４４００人の織物職人

レンフルーシャー州の町ペイズリーの1825年の風景。郊外の広々とした空間が描かれている。しかし同じ画面に見える煙が、人々に愛されたペイズリーのナデシコを衰退させることになる。

が住んでいた。しかしペイズリー柄の布の需要が急速に高まると、1781年には町の機織り機の数は6800台になった。そのうち2000台が麻用、4800台が絹用だった。1800年には、自宅で織物を織っている職人は2万3900人いた。ビクトリア女王がペイズリー産のショールを羽織ると、流行はさらに加熱した。1782年、ペイズリーの町にはじめて栽培家協会が設立された。彼らの座右の銘は「花の栽培にははかり知れない喜びと楽しみがある」だった。毎年行なわれる展示会の賞品が、鋤《すき》、熊手、移植ごて、股鍬《またぐわ》だったのは、戸外での作業にこうした道具が必要だったからだろう。その一方、毎年異なる「栽培家の花」に注目する特別品評会も開催された。1813年、最高の12のナデシコを育てた協会の会員に、牡羊の角をかたどった銀めっきのかぎたばこ用ミルが贈呈さ

モダンなペイズリーの模様。伝統的な柄、あかるい色調、より「リアルな」カーネーションの花のコンビネーション。

れた。ミルの持ち主は毎年変わった。現在、このミルはペイズリー・ミュージアムに収蔵されている。集会に彩りを添えていたフローラの銅像はいつのまにか消えてしまった。19世紀に最初に頭部がなくなり、代わりが見つからないまま、銅像自体も消えた。花だけでなくフローラも崇拝してよいものか、という清教徒らしい配慮が働いたのかもしれない。

19世紀中頃になっても、ペイズリーの織物職人はナデシコとカーネーションの栽培を続けていた。造園師で著述家のジョン・クラウディウス・ラウドン［1783～1843年］は、「ペイズリーの人々は、美しさによって目を楽しませてくれるもの、細かい注意力を要する娯楽、そしてさまざまな知的な喜びを好むという点で際立っている」と述べている。「同等の生活レベルにある人々と比べて、彼らの境遇に改良の余地は、仮にあったとしてもきわめて少ない」と。ただし、近くのラナークシャー州リードヒルズに住んでいた炭鉱労働者たちは例外かもしれない。彼らは文学に造詣が深く、余暇の時間を園芸と文学に充てていた。ペイズリーの織物職人たちが栽培して命名したレース・ピンク（ナデシコ）の品種は最終的に３００種類にのぼる。彼らはナデシコを大きく発展させたので、色縞のあるレース・ピンクは「スコットランド・ナデシコ（スコッチ・ピンク）」と呼ばれるようになり、色縞のないナデシコは観賞に値するとみなされなくなった。ペイズリーの綿モスリン職人ジョン・マクリーは、自分が育てた「ペイズリーの宝石」というナデシコをたいそう誇りに思い、ジョージ3世（１７３８～１８２０年）に謹呈した。「ペイズリーの宝石」はいまもあるが、ペイズリーの織物職人たちが丹精して開発したその他の品種は大半が、家庭用手織機が織物製造工場に取って代わられるのと同時に、産業革命の劣悪な空気の中で消えてしまった。ペイズリー柄が施された多くの織物には、涙のしずくの形をしたペイズリーの縁やその中にカーネーションやナデシコが描かれている。その色彩は現実の色をはるかに超えている。

ナデシコとカーネーションは、ペイズリーの織物職人たちにもてはやされる何世紀も前から刺繍の題材として人気だった。チューダー朝の寝台に吊るされた天蓋や、サンプラーと呼ばれる刺繍のお手本、18世紀の宮廷衣装にもこれらの意匠があしらわれている。シュルーズベリー伯爵夫人エリザベス・タルボット（１５２７頃～１６０８年）は、エリザベス朝時代を代表する豪勢なハードウィック館を彩るために施された一連の花の刺繍にナデシコのモチーフを取り入れた。エリザベス朝時代に流行した「ブラックワーク」という刺繍法のために、ナデシコ（ピンク）も白布に黒糸で

カーネーション。刺繍と絵画のためのパターン集より、1586年。

刺されている。裁縫用語で、植物の切り枝や標本のモチーフのことを「スリップ」という。園芸で、株を増やすために切り落とした接ぎ穂のことも「スリップ」という。ディアンツスは一般にどの種類も挿し木で株を増やす。キャンバスワーク（プチポアン）では通常ビロードやダマスクなどの基布にこうした「スリップ」が刺し込まれていく。これらのスリップの参考書として活用されたのが、ジョン・ジェラードが1597年に発表した『植物史』などの本草書だった。こうして、本物のスリップ（接ぎ穂）の挿絵が、同じくスリップと呼ばれる小さな刺繡の製作に利用されるようになった。17世紀の植物画家で昆虫学者でもあるマリア・ジビーラ・メーリアンが描いた花の絵をまとめた『あたらしい花の本 *Neues Blumenbuch*』は、植物に興味のある人だけでなく、仲間の画家やお針子たちにも参照された。フランスで宮廷造園師としてルイ13世に仕えたピエール・バレは、王室お抱えの刺繡家でもあった。1623年にパリで出版されたバレの『フランスおよびナバラの王、篤信王ルイ13世の庭 *Le Jardin du roy très chrestien, Loys xiii, roy de France et de Navarre*』は、じつは、画家、刺繡家、タペストリーの織物師のための図案集だった。「カリオフィラタ・フローレ・プルプレオ［紫のカーネーション］」や「カリオフィラタ・フローレ・カンディダ［純白のカーネーション］」というカーネーションの挿絵も収録されている。挿絵はモノクロだが、付属の表に花の色が記述されているので、刺繡家たちが羽目を外して現実にあり得ない色を刺したはずはない。バレによれば、「C・フローレ・プルプレオ」は「平べったく、同じようにつやのある洋紅色《カーマイン》［紫がかった赤］の花」、一方「C・フローレ・カンディダ」は「大輪で白っぽく、ニスで仕上げたかのような光沢のある花」だったそうだ。

ほとんどの刺繍は個々の植物をモチーフにしているが、タペストリーの中にはまれに庭園や風景の全体像を描いたものもある。現実の庭園や風景を描いたものもあれば、架空のものもある。こうしたひとつが、17世紀末もしくは18世紀初頭に製作されたストーク・エディスのタペストリーで、庭園のさまざまな場所を描いた5枚から成る連作だ。ストーク・エディスにあった庭園をモデルにしているのかもしれないが、それより、当時人気だった庭園の素材を見栄え良く合成した可能性の方が高いだろう。タペストリーに描かれている典型的な庭園には、噴水、ため池、彫像、オレンジの木、鉢植えのミカンの木、あずまやまでもがそろっている。どのタペストリーにも、左右対称に配された緑のボーダー（帯状の土地）に整然とカーネーションが植えられている。灰色の葉と色鮮やかな頭花からそれとわかる。タペストリーに描かれている花は、隣のボーダー花壇のチューリップも、ミカンの木も、下辺の壁際に植えられた果物の木もすべて満開だ。「あずまやの庭」のタペストリーには、イヌ、サル、オウムの姿が見える。季節の境目にこんな風に花が咲き乱れることがあったとしても、こうした動物たちがいれば庭はすっかり荒らされてしまったに違いない。

　ペイズリーの織物職人がこよなく愛した色縞のあるレース・ピンクは、レースという名だけに針仕事といっそう関係が深いかもしれない。レース・ピンクは、美しい刺繍を真似たかのように、花びらに複雑な色模様のあるナデシコの仲間たちを指す。濃さによって、ダーク、レッドなど3つの部門に分かれている。織物職人たちが慈しんでいたのは花のナデシコだが、「人工洞窟《グロット》の女神」と呼ばれ、紙細工による花のオブジェでもじつに美しい傑作を残したメアリー・ディレイニー（1700～1788年）は、絢爛豪華な宮廷用のドレスやマントに、色縞のあるナデシコの「刺繍」を熱

18世紀末、メアリー・ディレイニーが制作した多数の紙細工のオブジェのひとつ。

心に施した。張り輪を入れてふくらませたフープ・スカート、ローブ、三角形の胸飾り《ストマッカー》から成る黒い絹のドレスには、刺繍職人が腕を活かす場所が存分にあった。こういったドレスには花や植物のモチーフがあしらわれることが多く、ときには庭園の全景が刺されることもあった。ディレイニー夫人のドレスでは、夫人が愛した200種類の花がスカートの裾を飾り、胸のストッカーをスズランとナデシコがこぼれ落ちんばかりに覆っていた。ディレイニー夫人が描いたナデシコは花弁の縁がのこぎり状の種類なので、栽培家協会には認めてもらえなかっただろうが、同じドレスに刺繍されているオーリキュラ、パンジー、バラは認めてもらえただろう。

ナデシコは、メアリー・ディレイニー夫人のドレスを飾って社会の最上流階層に入り込んだが、ディアンツス一族はもっと身分の低い園芸家や刺繍家たちからも愛されていた。16世紀、ヨーロッパに登場した刺繍のサンプラーは、さまざまなステッチや図案が縫い取りされた作品のことで、のちにお針子や主婦たちに見本として利用されるようになった。刺繡がさかんになると、同時代の刺繡や園芸書を参考にした図案も取り入れられるようになった。花びらの形を単純化した扇形のカーネーションは、花のモチーフに取り入れられることが多かった。1696年にエリザベス・マケットが製作したサンプラーには、カーネーション、もしくはナデシコのモチーフが刺されている。横向きではなく、押し花のような扁平な形をしているが、花弁の縁の形と中央の色がいかにもカーネーションらしい。18世紀になるとイギリスでは、抽象的なモチーフより、整然と並んだ草花や、絵画のように美しい一隅を縫い取りしたサンプラーが多くなった。メアリー・アン・リチャーズによる魅力的なサンプラー（現在はロンドンのビクトリア・アンド・アルバート博物館に収蔵されている）は1軒の家と庭を描いたもので、作品の縁をぐるりと花が囲み、さらにその花を葉の生えた小枝が囲んでいる。カーネーションの姿も見えるが、こちらは横を向いている。刺繡なので、これらのサンプラーに刺されているのがナデシコかカーネーションかを判別するのは難しい。女学生や若い娘たちが手本にしていたサンプラーの花が、18世紀から19世紀にかけて市場に押し寄せた新種だったのかどうかを推測することも。とはいえ、イギリスのサンプラーであれ、イズニック［トルコ北西部の町］の陶板であれ、オスマン帝国の壁掛けであれ、ディアンツスの花びらは見間違えようがない。

この特徴的な花びらと葉の形、そして、中世およびイスラム美術に伝統的にカーネーションのモチーフが用いられてきたことに触発されて、ウィリアム・モリス［1834～1896年］は、自分がデザインしたタイルや壁紙、また刺繡製品やテキスタイルにディアンツスを取り入れた。

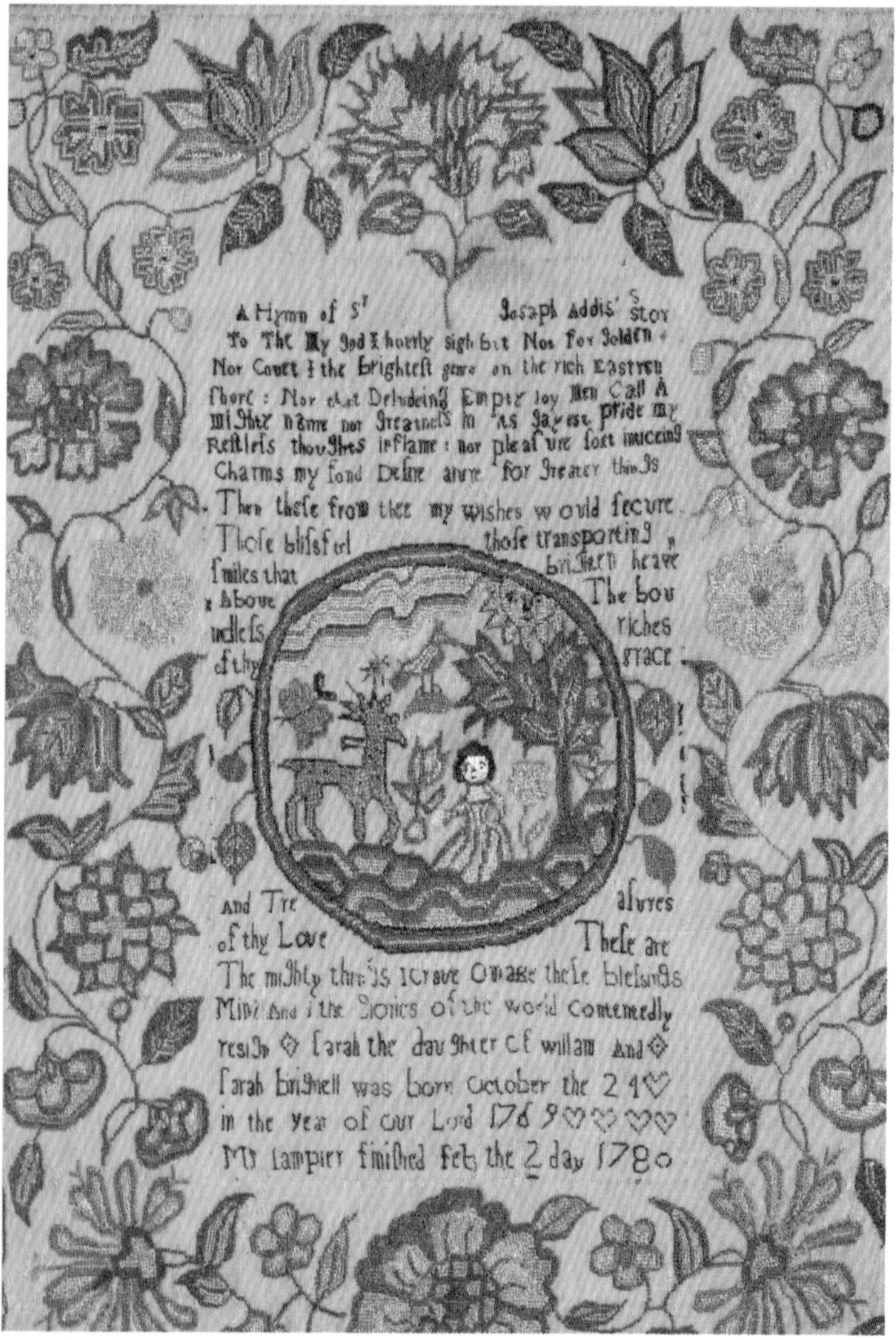

カーネーションはサンプラーに刺されることが多かった。ここに紹介するのは1780年にサラ・ブリグナルという女性が作ったもの。

1890年、彼はエリザベス朝時代に人気のあったナデシコとバラを組み合わせて、ふたつの花が曲線を描きながら絡み合うデザインを考えた。ナデシコの細い葉、長い萼、独特ののこぎり状の花びらもしっかりと再現されている。はじめは淡紅色と赤紫色の組み合わせしかなかったが、1893年に多色彩色が施されるようになると人気に火がついた。いまも発売当初の会社で販売されているが、色の選択肢はぐっと広がり、初期のカーネーションマニアは夢に見ることしかできなかった、「フェンネル&カウスリップ」、「インディゴ」、「エッグシェル&ローズ」、さらにモダンな「マニラ&ワイン」がある。モリスが過労のために亡くなってから9年後の1905年に、「カーネーション」という壁紙がモリス商会から売り出された。実際に図案を考えたのは、ケイト・フォークナー（1842～1898年）というテキスタイルおよび壁紙のデザイナーだった。モリスの生前は手で型押しされていた初代の壁紙と、見かけはそっくりだが、ローラー捺染機を使っているため、3つの異なる色を配合することが可能だった。当時の一番人気はペールグリーンだったらしい。壁紙の購入を検討するお客たちは、建築家リチャード・ノーマン・ショー（1831～1912年）の批判的な言葉を耳にしていただろう。彼はモリスのデザインについて次のように語っている。

あなたを迎えてくれる家の主人たちより、壁紙や家具の方が目立っていたら落ち着かない気分になることは納得していただけるだろう……壁紙はあくまでも背景であるべきで、それ以上であってはならない。なにかしら模様があるにせよ……ごく単純な種類のものであるか、ごく控えめであるべきだ。[6]

モリスは工芸美術家で造園師であり、数多くの詩と著作も遺している。彼の「黄金のジリフラワー」という詩は、中世の馬上試合を舞台にした作品で、ひとりの騎士が、愛する女性の名誉を守るために次々と戦いに挑む様子が描かれる。詩は、馬上試合の幕開けとともに晴れやかな調子ではじまる。しかし試合が進むにつれてどんどん暗くなっていき、最終的に、われらが主人公が名誉を守るために戦ってきた女性は——恋人か娘かは定かでない——おそらくすでにこの現世《うつしよ》にいないことがあきらかになり、金色のジリフラワーは血の赤に染まる。

織物職人たちのおかげか、それとも中世の時代からある昔ながらの田舎の庭に咲く花のすばらしさを世間に喧伝したウィリアム・モリスのような人々の影響か、19世紀中頃から20世紀初頭にかけて、カーネーションとナデシコは田舎の庭だけでなく、あらたにもてはやされるようになった昔風の庭でも人気の花になった。1827年、農村詩人で園芸家でもあったジョン・クレア［1793～1864年］は、「羊飼いの暦 *The Shepherd's Calendar*」という詩でノーサンプトンシャーの村の農夫の庭に咲いていた花々を紹介している。

キンギョソウは眠っている道化のようにぽかんと口を開けている
「手折られたナデシコ」は（乙女らの晴れ着を飾り、
ふらちな若者にしょっちゅうつままれる）

ウィリアム・モリス、「ナデシコとバラ」の壁紙。1890年頃。

雪のように白い乙女の帽子にくるりと巻かれたリボンのような薄紅色

詩の続きで、乙女たちが恋人たちのために「手折ったナデシコ」を、彼女たちの愛情の対象は立ち上がって受け取り、「いつものように接吻してもらう」。1829年にウィリアム・コベットが発表した『イギリスの園芸家 *The English Gardener*』にも、カーネーションとナデシコのことが記されている。コベットは伝統的な植物だけでなく、伝統的な名前も好んだ。この本には、ラング-ワート（プルモナリア *Pulmonaria sp.*）、マッド-ワート（アリッサム *Alyssum saxatile*）、スワロウ-ワート（クサノオウ *Asclepias incarnata*）、また、「デビル・イン・ア・ブッシュ（藪の中の悪魔）」（クロタネソウ *Nigella damascena*　現在は「ラブ・イン・ア・ミスト（霧の中の恋）」というまったく違う名前で呼ばれている）が紹介されている。コベットは、カーネーションは色だけでなく香りもよい立派な花であるから、チューリップより価値があると言う。しかし彼が最大の賛辞を贈るのは「可憐なナデシコ」で、「北に住む製造業者たちがその普及と栽培に多大な労苦を費やした」と記されている。

19世紀中頃、イギリスの田舎家の庭に咲く「手折られたナデシコ」とジリフラワー・カーネーションは、造園家で著述家のウィリアム・ロビンソンの目を引き、上流階級の庭に潜り込もうとしていた。アイルランド出身の造園家ロビンソンは、1860年代に王立植物学会が所有するリージェンツ・パークで、イギリスの野草のささやかなコレクションを世話していた。その経験と、人工的なものに対する根源的な嫌悪感が彼に1冊の本を書かせた。それが『野生の庭園 *The Wild Garden*』（1870年）だ。この本の「カーネーション、ユリ、アイリス、高貴な夏の花々」に関する章でロビンソンは、栽培家用の花を育てる技術や時間のない人は、代わりに、自生する色鮮やかなカーネーションやナデシコを花壇や境栽に植えることを勧めている。カーネーションやナデシコを、ボタンホールから解放して庭に咲き誇らせてやろう、と。著書にあるように、ロビンソンはソーマレズ卿を説得して、卿が所有するサフォーク州のシュラブランド・パークという壮麗な庭にこうした花を大量に植えて、きわめつけの効果をあげた。とはいえ、規模の点でも効果の点でも、彼の言う「田舎家の庭《コテージ》」とはかけ離れたものだったに違いない。ロビンソン自身もサセックス州にあるグラブタイ・マナーという屋敷でカーネーションを育てていたが、1866年の冬、ウサギに1本残らず食い荒らされてしまった。しかしロビンソンはへこたれず、翌年はウサギを捕らえる網を仕掛けてあらたに2000株のカーネーションを植えた。「じつに壮観」だったとロビンソンは記している——田舎に住む庶民には手の届かない贅沢だった。

第5章　王妃たちの花

神の花と呼ばれるだけではまだ不足だったのか。カーネーションは、イギリスをはじめとするヨーロッパの王侯貴族と長い歳月をかけて栄えある関係を築いた。ドミニコ会修道士アゴスティーノ・デル・リッチョが、1597年に発表した『王の庭 *Del Giardino di un Re*』には、真の王宮の庭園に欠かせない花として16種類のディアンツスが挙げられている。リッチョは、こうした花々を一年中開花させて維持するには「たいへんな労力が必要だろう」と考えた。おそらくリッチョが庭造りのモデルとしてイメージしていたのは、ルネサンス時代のメディチ家のヴィラだろう。メディチ家の人々にとって労力は問題ではなかった。彼らは外国から稀少な美しい植物を輸入して、壁に囲まれた庭や温室を満たした。1457年、イタリアの銀行家コジモ・デ・メディチ（老コジモ）［1389〜1464年］のために建てられたカレッジのヴィラの庭に侵入することを許された外国の植物は、レバント産の香りのよいカーネーションと、アフリカのレモンの木だけだった。それ以外はすべて古代ローマの庭にあった木々――イトスギ、ギンバイカ、マルメロ、ザクロ――だった。カーネーションがイタリアから北上してイギリスに伝来したのはヘンリー7世［在位：1485～1509年］の時代だったが、真価が認められるようになったのはエリザベス1世［在位：1558～1603年］の宮廷で、この時代の数多くの詩や絵画にジリフラワーやバラが登場している。エリザベス1世には庭いじりの趣味はなかったので、ウィリアム・セシル（バーリー卿）ら廷臣たちが宮廷の庭を管理した。ウィリアム・セシルの庭師が、後世に重大な影響を与えた『植物史』の著者ジョン・ジェラードだ。『植物史』の口絵に描かれた女神フローラは小さなディアンツスを手にしている。おそらく「山（マウンテン）」（「デットフォード・ピンク」［和名ノハラナデシコ］*Dianthus armeria*）だろう。[1]あるいは、「処女（バージン）Virgin」、すなわちジェラードの書物に出てくる「メイデン・ピンク」［和名オトメナデシコ］の可能性の方が高いかもしれない。フローラの左側には、花弁のかたちが特徴的な満開の赤いディアンツス・カリオフィルス *Dianthus caryophyllus* が、口絵の下に見える小さな庭の中央には、典型的な編み籠に入った鉢植えのカーネーションが見える。稀少な美しい植物を愛でながら庭園を散策する身なりのよい男女は、バーリー卿とエリザベス女王その人だろうという説もある。

処刑された英国王チャールズ1世の不運な妻、ヘンリエッタ・マリア妃の趣味はガーデニングだった。フランスに亡命するまで自分の庭でたくさんのカーネーションとナデシコを育てていたという。[2]ヘンリエッタ・マリア妃は亡命先のフランスで、ルイ14世の庭師としてベルサイユ宮殿で働いていたジャン・ド・ラ・カンティニ［1624～1688年］が栽培していた厖大な種類の花々に驚嘆しただろうか。カンティニは、のちにジョン・イーブリンによって英訳される果実園と菜園に関する著書で、「クローブ・ジリフラワー（カーネーション）のつぼみは、はじめは美しく期待が持てそうでも、その状態は長くは続かない。どれもみな同じである」とかなり悲観的な意見を述べている。とはいえカンティニが、王室の庭園に求めていた水準はかなり高かったようだ。彼の考える理想のカーネーションとは、「すらりと背が高く、つややかで華があり、美しい色の種類は豊富で、鳥が大きく羽を広げたような姿かたち、手触りはビロードのようになめらか」だった。[3] カンティニは、1690年代を通じて、ベルサイユ宮殿の花壇一面を覆い尽くすほどのおびただしい「スペイン産カーネーション」、スイート・ウィリアム（*Dianthus barbatus*）、ヤグルマソウ、ニオイアラセイトウ、ユリ、スミレを育てていた。[4] とはいえ1698年に、ウィリアム3世の大使としてフランス宮廷に派遣されたポートランド伯爵ハンス・ウィレム・ベンティンク［1649〜1709年］は、庭園の様子に感心しなかったらしく、ここにはあれほど自慢されていた花はまったく見当たらないと言っている。ベンティンク自身、稀少な花のコレクターだったので、感心させるのは難しかったのだろう。アン女王［1665〜1714年］の親友で、相談相手でもあったマールバラ公爵夫人サラ（1660〜1744年）も花を愛した貴族のひとりだった。サラは壮大なブレナム宮殿と庭園の女主人で、「満開のカーネーションを見る喜びにまさるものはない。自分の温室の植物をすべて足し合わせたよりカーネーションの方が好きだ、とことあるごとに言っていた」という。[5]

カンティニとベルサイユ宮殿の国フランスは、16世紀中頃から1830年まで続いたブルボン家の分家筋、いとやんごとなきコンデ家の本拠地でもある。コンデ家の英傑ルイ2世・ド・ブルボン

（通称大コンデ）（1621〜1686年）はフランス軍の総指揮官をつとめた人物で、彼が参戦したもっとも有名な戦いは1643年のロクロワの戦いだろう。1674年にはスネッフでオラニエ公（のちのイギリス国王ウィリアム3世）を破った。ルイ14世によって追放され、のちに赦免されてからは王と同じく花を愛するようになった。とりわけカーネーション、チューリップ、アネモネを好み、みずから世話したと言われている。戦争に明け暮れた長い人生の終わりにはシャンティイ城に隠棲し、亡くなるまでの11年間を祈りと庭仕事に捧げた。彼の周囲には花のコレクターやカンティニのような園芸家が集まり、オスマン帝国のような遠い国からも花々が届けられた。彼の温室と養苗園は、1682年に造られた「あたらしい花園」と、花飾りを作るための「花束の園《ブーケガーデン》」によってさらに充実したものになった。もちろんそこにはカーネーションも植えられていた。

もうひとりの偉大な天才軍人、ナポレオン・ボナパルトが華々しい功績をあげた舞台はコンデ公と同じく戦場だったが、彼の恋人で最初の妻となった皇后ジョゼフィーヌ・ド・ボアルネ（1763〜1814年）が次々と征服したのは庭園だった。ベルサイユ宮殿、チュイルリー宮殿、サン＝クルーやフォンテーヌブローにあるフランス有数の壮麗な庭園の女あるじとなったジョゼフィーヌは、1799年にマルメゾンの城館と敷地を購入し、怒濤《どとう》の勢いで増え続ける植物のコレクションをそこにまとめることにした。マルメゾンの花壇には一面にバラが咲き誇り、ナポレオンのエジプト遠征や、オーストラリアや南アフリカに派遣された探検隊から送られてきた植物が温室を彩った。ナポレオンは戦艦の司令官たちに命じて、船を拿捕《だほ》するたびに植物が積まれていないか捜索させた。その方法で充分な収穫が得られないと、中国からイギリスの有名なケネディ養苗店宛に植物を運ん

ジャン・ランク、スペイン国王フェルナンド6世の王妃「バルバラ・デ・ブラガンサ夫人」(1729年)、油彩画、キャンバス。

でくる船に、ケネディの店にジョゼフィーヌの庭にもバラを届けさせるという条件で、海を自由に航行する許可を与えた。その結果、バラは1807年の海上封鎖をかいくぐることのできた数少ない品目のひとつになった。当時、ロンドンのキューにある王立植物園（キューガーデン）で顧問を務めていたジョゼフ・バンクスも、世に知られるすべてのバラをマルメゾンの庭園に集めるというジョゼフィーヌの志を助けるために、バラの苗木を送った。マルメゾンのコレクションを記録するために雇われた、植物画家のピエール＝ジョゼフ・ルドゥーテが描いた世にも美しい120枚の図版は、『マルメゾンの庭園 *Jardin de la Malmaison*』（全20巻）におさめられている。その中にバラの絵だけを集めた『バラ図譜 *Les Roses*』がある。『バラ図譜』は1817年から1820年にかけて出版されたが、残念ながらすでにそのときジョゼフィーヌはこの世の人ではなかった。可能なかぎりたくさんのバラの品種を開発することも、ジョゼフィーヌのお抱え園芸師アンドレ・デュポンの仕事だった。彼が採用したやり方は、カーネーションでひどい醜聞沙汰を引き起こしたあの異種交配だった。ジョゼフィーヌが亡くなったとき、マルメゾンには200から250種類のバラがあったと言われる。そのうちルドゥーテの作品におさめられたものはわずか80種類にすぎない。

1843年、ジャン・ベリュズというバラの育種家が、大輪の淡いピンク色のブルボンローズを作り、ジョゼフィーヌの有名な庭にちなんで「マルメゾンの思い出（スーブニール・ドゥ・ラ・マルメゾン）」と命名した。それでは「マルメゾンの思い出」が誕生したところで、そろそろ話をカーネーションに戻すとしよう。このバラが誕生してからちょうど14年後、M・レーヌというやはりフランス人の種苗家が、大輪で淡いピンク色の、バラそっくりのカーネーションを作り、そして聞

「マルメゾンの思い出」の大きく、くしゃくしゃの花弁。ルイ・ヴァン・ホウテとシャルル・ルメールの「ヨーロッパの温室と庭園の花」(1857年) より。

くところによれば、バラにちなんでこの花を「マルメゾンの思い出」と命名したという。実際、このカーネーションにも「マルメゾンの思い出」と名乗る正当な権利はあったのかもしれない。ジョゼフィーヌはカーネーションやピコチーも熱心に栽培していたのだから。ところがあまりに圧倒的な量を誇るバラのせいで、カーネーションの存在は忘れ去られてしまった。ナポレオンの没落とともにマルメゾンそのものは荒廃したが、その名を冠したカーネーション（とバラ）は、ヨーロッパ各地の庭園や養苗店で生き続け、その名を後世に伝えた。サフォーク州の庭でマルメゾン・カーネーションのナショナルコレクション［「ナショナルコレクション」制度は貴重な植物を守り後世に伝えていくことを目的とした植物コレクションの認定、保全制度］を保護しているジム・マーシャルによれば、マルメゾン種の最大の脅威は、ウィルス、夏のハダニ、冬の立枯病だそうだ。しかし最盛期には40種類あった品種が、現在はわずか5種類にまで減ってしまった（2種類の新種が加わった）ことからあきらかなように、カーネーションの創出や衰退には、きまぐれな流行が大きく影響しているのだろう。

ひょっとすると、19世紀初頭のフランスにおけるカーネーションの普及に、ジョゼフィーヌは関係しているのかもしれない。イギリスの植物学者ヘンリー・フィリップス［1779頃〜1840年］は、『花の歴史 *Flora historica*』（1824年）で次のように述べている。

ハレ［ドイツの都市。ナポレオン戦争で一時期フランスに占領された］の市場にはカーネーションの香りがたちこめていた。ハレのご婦人たちは通りを行くあらゆる人に、2、3スー［フランスでかつて使われていた貨幣単位」のカーネーションの花束はいかがと呼びかけていた。一方、感じのよい花の市場には、邸宅を装飾するための鉢植えのカーネーションがぎっしり並べられていた。[6]

大輪の花、かぐわしい香りのマルメゾン・カーネーションは、「ツリー・カーネーション」から生まれた品種で、スコットランドで生まれたいくつかの「スポート」とともに大流行した。その中には、1870年にイースト・ロージアンのラフネスという集落で誕生した「レディ・ミドルトン」や、1875年にマッセルバラ近郊の庭で、ホテルの中庭を飾るために作られた「ピンク・マルメゾン」もある。

マルメゾンはもっとも栽培するのが難しいカーネーションのひとつと言われている。マルメゾン種固有のニーズに応じられる専用の巨大な温室が必要で、雨、渇水、日照り、虫害といったありふれた危険から守るのはもちろんのこと、肥料や堆肥の量は多すぎても少なすぎてもだめ、そのうえ「どんな些細なことであれ、植物の成長を妨げるもの」はいっさい排除しなければならない。[7]それほど手を尽くしても、質のよい花が咲くのは2年だけ。展示会に出品するつもりなら、花を一輪ずつ丁寧に包んで、萼が裂けないように細心の注意を払わなくてはならない。とはいえ丹精して育てれば、丈は1メートル50センチほどにもなり、最大15センチの大きさの花を咲かせる。ガーデニングにそこまで時間をかけられない人のために、香水ブランドのフローリスはマルメゾンという香水と石鹸を長年製造販売して万人にその香りを届けてきた。成分のひとつが規制されるようになったため、現在はマルメゾン・アンコールとして生まれ変わっている。広告によれば、「過去の思い出の上に構築された現代の香水」だそうだ。[8] 庭園の歴史に興味のある知人への贈り物にぴったりではないだろうか。

これほど豪華で堂々とした姿かたちにもかかわらず、シャーロット・オブ・メクレンバーグ＝ストレリッツ王妃（1744～1818年）の最愛のカーネーションはマルメゾンではなかった。ジョージ3世の妻、シャーロット妃のお気に入りはピコチーだった。アマチュアではあったが植物学に造詣が深く、芸術を愛し庇護したシャーロット妃は、ゴクラクチョウカが、原産地の南アフリカからイギリスに運ばれてくるなり、はやばやと自分の称号をその植物に授けた（ゴクラクチョウカの学名はストレリツィア・レジナエ *Strelitzia reginae*）。ちっぽけなピコチーは派手なゴクラクチョウカよりだいぶ見劣りしたが、王妃のコレクションには、稀少な黄色い地のピコチーがあった。ピコチー（先の尖ったもので印をつけたというフランス語の「ピコテ picote」が語源）は、花弁の大部分（地の部分）が単色で、縁が別の色になっているカーネーションのことをいう。縁の色は深紅、赤紫、緋色、紫色が多い。地の色は白がほとんどだが、19世紀初頭には黄色の地のピコチーが大人気だった。トーマス・ホッグは、1822年に発表した栽培家の花に関する著書でとくにピコチーに言及し、「華麗で目も眩むような美を誇る」品種に比べて、「柔和で繊細な美しさのために」ご婦人がたに好まれることが多いが、栽培家たちは、カーネーションと交配させると、ピコチーの「遊び心ある予測不能な」不規則な斑紋、線、まだらによって系統がだめになってしまうことを警戒していると述べている。フロッグモアにある王室コレクションにおさめられたシャーロット妃の

19世紀後半、「マルメゾンの思い出」にピンク色と白色が加わった。『園芸図譜』（1887～1893年）より、植物の印刷。

ピコチーたちは、残念ながら理想とはほど遠かったようだ。ホッグの著作におさめられた挿絵の標本には病斑や環紋があり、多くの点で当時の理想とかけ離れている。１８５８年、オックスフォードシャー州ウィットニーのリチャード・スミス氏によって、より純正な黄色い地のピコチーが発表された。しかし20世紀のほとんどの品種の母体となったのは、１８７０年代にパーキンズ氏によって紹介された品種で、なぜか「プリンス・オブ・オレンジ」という名前だった。

王侯貴族への敬意の表れとしてその名を新種につけることは珍しくなかった。たとえば、「バルディストンのクイーン・アデレード」という一色の縞が入ったフレークは、19世紀初頭から中頃にかけて、カーネーションやピコチーの品評会で何度も入賞している。この花が「フレークの苗木」として最初に注目されたのは、１８３０年7月にイプスウィッチで開催された品評会でのことだった。受賞者名簿によれば、出品者はウーラード氏、苗木は「その後クイーン・アデレードと命名された」とある。ウーラード氏は「ビザール苗木」部門でも入賞し、こちらの苗にも王族にちなんで、「ウーラードのウィリアム4世」と名づけた。イプスウィッチの品評会の2日前に開催されたウッドブリッジ（サフォーク州）のカーネーションおよびピコチーの品評会では、ウーラード氏が出品した「ミス・ベーコン」が、庶民の名前にもかかわらず、「ターナーのプリンセス・オブ・ウェールズ」や「フレッチャーの公爵夫人」らライバルを抑えて、そのクラスのもっとも美しい花として優勝した。そこでの記録によると、「イプスウィッチのロイヤル・ウィリアム」からやってきたウーラード氏は「ミス・ベーコン」というすばらしい株の持ち主とある。[9] １８３２年7月、ベッドフォードシャー園芸協会の品評会に「クイーン・アデレード」の苗木を出品したブリンクルズ氏は、「ブ

ディアンツス、「シバの女王（クイーン・オブ・シバ）」。

リンクルの喜び」というピコチーを紹介した人物でもあった。[10] ウーラード氏の「ロイヤル・ウィリアム」という店は、おおかたの予想とは異なり種苗店ではなくパブだった。1823年10月、ウーラード氏はウィットン・クラウンにあったパブからこちらに引っ越してきた。「イプスウィッチ・ジャーナル」紙には、ウーラード氏は、パブの経営と植物の小売を兼業する「栽培家」と記されている。1835年5月23日、彼はふたつの事業のうち少なくとも片方を拡大した。イプスウィッチのフライアーズ通りに住む、パターソン氏という種屋の次女マーガレットと結婚したのだ。ビールと植物の商いはきっと順調だったのだろう。1838年には「ロイヤル・ウィリアム」が入っていた店舗を購入することができた（それまでは店子にすぎなかったようだ）。パブの経営者兼養苗店主という不思議な取り合わせはどのようなものだったのか。1860年、最終的に売りに出された店の説明書を読むと内情をいくらかうかがい知ることができる。[11] それによれば、ロイヤル・ウィリアムは「第一級の居酒屋にして娯楽庭園」だった。娯楽庭園には「遊歩道、ローンボウリング用の緑地、軽食を売る屋台、芝生、花壇がセンスよくレイアウトされ、生い茂る灌木や花が（およそ）4エーカーの土地を覆い尽くし、そのあいだをゆるやかに蛇行する道が横切っていた」。娯楽庭園自体は「ボクスホール・ガーデンズ」と呼ばれていた。ずっと有名なロンドンのボクスホール・ガーデンズにあやかった名前だろう。売りに出されたものの中には、高い煉瓦の壁で囲われた促成栽培温室もあった。おそらくそこで「クイーン・アデレード」の苗木は日の目を見たのだろう。1872年5月14日の「イプスウィッチ・ジャーナル」によれば、庭園は、同年あらたな所有者となったレナード・ドライバーによって修復と修繕が行なわれた。1998年、ロイヤル・ウィリアムはついに取り壊された。残念ながら、現在は園芸用品店ではなくスーパーマーケットになっている。

フレーク・カーネーションの「クイーン・アデレード」ではない、本物のアデレード妃は、いうまでもなくウィリアム4世の妻にして、イギリスおよびハノーファー王国の王妃のことである。妃はその地位のために、ジョージ3世の死後生じることが予想された見苦しい跡目争いと、それに付随する相続財産争いを見越して急遽選ばれた花嫁だった。ウィリアムにはすでに人気女優とのあいだに10人の子（庶子）がいた。にもかかわらず、彼は自分にふさわしい花嫁を熱心に探していた。その花嫁とは、正統な王家の血を引く子供を産んで、父ジョージ3世の12人の子供の中で自分を後継者にもっともふさわしい人物にしてくれる女性だった。若くて純真で子供をたくさん産んでくれそうなアデレード・オブ・サクス＝マイニンゲン（1792～1849年）は理想の花嫁候補だった。ただしふたりには27歳の年齢差があったが。「なにも知らない哀れな娘」と、アデレードにつらい運命が待ち受けていることをウィリアム自身が認めている。[12] 当事者一同にとっては残念なことに、この結婚は望んでいた結果にはつながらなかった。王妃の子供たちはみな生まれて数か月で夭折した。こうしてアデレード妃はさまざまな趣味に没頭するようになった。そのひとつがウィンザー城の庭園だった。王妃は複数の園芸協会の後援者にもなった。そのため一般の王族よりアデレード妃にちなんだ名を持つ植物は多い。とくにお気に入りだったのはダリアで、ソールズベリーおよびイギリス西部王立ダリア協会の後援者を務めた。[13] 1831年には、園芸家のジョージ・グレニーが主宰する婦人向け雑誌「ロイヤルレディズマガジン *Royal Ladies Magazine*」の創刊を支援した。

王室植物画家オーガスタ・ウィザース［1793〜1877年］を雇ったのもアデレード妃である。ウィンザー城の庭園で王妃は（少なくとも王妃の庭師たちは）カーネーションとピコチーも栽培した。じつにみごとだったというコレクションに「クイーン・アデレード」は入っていただろうか。[14]

20世紀初頭、ノーフォーク州にあるイギリス王室の別邸サンドリンガム・ハウスで働く王室お抱え園芸師の中に、トーマス・H・クック氏（王立園芸協会会員）という人物がいた。クック氏は熟練の園芸師だったが、とくにパーペチュアル［永遠に咲き続けるという意味］・カーネーションの専門家であることを誇りにしていた。その名声は広く知れ渡り、フレデリック・A・ストークスというニューヨークの出版社が、カーネーション栽培の本を出版するにあたり、「ツリー・カーネーション」に関して何章か寄稿してもらえないかと依頼したほどだった。イギリス王室の庭園の資源を自由に使うことができたクック氏は、すべての温室をパーペチュアル・カーネーションに明け渡せば、温室で育てた苗を春の終わりに戸外に移植できる。そうすれば一年中外に出ていた花壇のカーネーションよりずっと美しい花を咲かせると言っている。なるほどクック氏が管理していたサンドリンガムの庭園は、ほとんど日の射さない冬の数か月を含め、一年中どの季節にもカーネーションが咲き誇っていることで有名だった。エドワード7世の時代にカーネーション栽培に携わるようになったクック氏は、1910年に国王が崩御したあとも王妃アレクサンドラ・オブ・デンマークの下で花壇と温室の植栽に励んだ。[15] 1925年に王妃が亡くなったときは、地元の小学生たちが王妃の81歳の誕生日に贈る予定だった81本のカーネーションでリースを作った。[16] アレクサンドラ王妃の伝統的な花への愛は、母親のデンマーク王妃ルイーゼ譲りと言われている。フレデンスボーにある

1947年、イギリス、エリザベス王女とフィリップ・マウントバッテンの婚礼のために箱詰めされるカーネーション。

デンマーク王家の宮殿の庭には、ボタン、ナデシコ、カーネーション、スイート・ウィリアムが植えられ、王妃の「ノルウェーの庭園」には民族衣装を着た100体の彫像が置かれていた。[17]

王妃にはなることはなかったが、エドワード8世の恋人で国王の退位の原因を作ったウォリス・シンプソンは、王室と政治とカーネーションをまとめてひとつの花束にした。第二次世界大戦をわずか3年後に控えた1936年、当時イギリス国王だったエドワードは、アメリカ人で離婚歴のあるウォリス・シンプソンへの愛と、国王としての責任のはざまで懊悩していた。その年の夏、ウォリスとエドワードは、ふたりに同情するそぶりを見せて王室や外交官のグループに入り込んだ友人たちと田舎の屋敷で過ごしていた。こういった大使たちの中に、当時ドイツの駐英大使で、のちにナチス政権下で外務大臣を務めるヨアヒム・フォン・リッベントロップ［1893～1946年］がいた。それはイギリス王室にとってもイギリスという国にとっても醜聞と激動にまみれた1年だった。その年の暮れに、エドワードは退位してウィンザー公となり、晴れてエドワードの妻となったウォリスはウィンザー公夫人となった。1941年、イギリスがドイツ軍のロンドン空爆と海上封鎖によって痛めつけられているとき、ウィンザー公夫妻はフロリダ州のパームビーチで3日間の休暇を楽しんでいた。夫妻は、フランス、スペイン、ポルトガルを経由して戦火に引き裂かれたヨーロッパを脱出した。自分たちをもてなしてくれたファシスト政権と多少は距離を取っていたものの、積極的に避けたわけでもない。夫妻は知らなかったが、アメリカ大統領フランクリン・デラノ・ルーズベルトは、ふたりがナチスの指導者たちと通じているのではないかと疑念を抱き、FBIの情報部にふたりの過去に関する情報を集めさせた。捜査官が聞き込みを行なったひとりにオード神父というベネディクト会の修道士がいた。神父は、戦前はヴュルテンベルク公と名乗っていたドイツ王家の傍流筋で、ウィンザー公の母メアリー妃とも縁戚関係にあった。オード神父によれば、1936年、ウォリス・シンプソンはエドワード8世とリッペンドロップのあいだで二股をかけていたという。その証拠に、リッベントロップはその年の夏、夫人に毎日17本のカーネーションを送っていた、17という数字はふたりが愛し合った回数だと神父は主張した。神父の話の真偽はともかく（花束を贈ったのは一度きりで花の数は不明という説や、バラの花束だったという説もある）、ウィンザー公夫妻がナチス政権と親密な関係にあることはわかった。1940年9月13日、ウィンザー公夫人が元恋人のドイツ人に、イギリスとフランス当局の活動を内通していたことを裏づけるメモが発覚し、夫妻はバハマに追放された。バハマにいれば、連合軍に害になる活動もできないだろうし、ドイツのスパイを利する情報も入ってこないだろうという判断からだった。おそらくそこ

18世紀のヨーロッパで、カーネーションにはこのドイツの絵に描かれているような優雅な貴婦人のイメージがあった。

にはカーネーションもろくすっぽなかっただろう。[18] さいわいにも、1947年に未来のエリザベス2世がフィリップ・マウントバッテン海軍大尉（のちのエディンバラ公爵）と結婚する頃には、イギリスでもアメリカでもカーネーションの流通は回復し、婚礼用の花がアメリカからどっさり届けられた。イギリス・カーネーション協会は、すべてのテーブルをピンクと白のカーネーションで飾りつけて、デンマーク国王夫妻をはじめとする貴賓たちに称賛された。ウィンザー公夫妻は招かれなかったことで注目を集めたが、テーブルにカーネーションが飾られていたことを考えれば無理もない。

王室との縁をめぐる話は、やはり美術のエピソードで締めくくるのがふさわしい。美術は、ヨーロッパの王侯貴族の女性たちと、皇后ジョゼフィーヌのために稀少で美しいマルメゾンの植物を記録した当代一の植物画家ピエール＝ジョゼフ・ルドゥーテを結びつける。1830年から1848年にかけてフランス国王の座にあったルイ＝フィリップ1世の妹、ルイーズ・マリー・アデライード・ウジェニー・ドルレアン（通称アデライード王女）は、フランス革命によって家族で亡命を強いられるなど波乱に満ちた前半生を送り、1814年に帰国してからはパレ・ロワイヤルを住処とした。生涯独身を通し、強靱な知性と政治感覚を備えたこの女性は、ブルボン朝の復古王政に反対する芸術家や知識人が集うサロンの中心人物となったが、暇を見つけてはルドゥーテから植物画を学び、結果的に彼のもっとも優秀な弟子のひとりになった。おそらくパレの居室でレッスンを受けていたのだろう。アデライード王女と、もちろんその師匠は、庭に咲くたくさんの花や植物を好きなだけ利用できたはずだ。1820年代に描かれた作品の中で現存しているものはごくわずかだが、その中の小さな花束の絵に、きわめて美しい濃い紫色のカーネーションが描かれている（うしろ側から描かれているので萼を細部まで見ることができる）。寝そべるカーネーションを、アスター、イトシャジン［キキョウ科ホタルブクロ属の植物。糸のように細い茎に風鈴のような花をたくさんつける］、スミレ、野バラが取り囲んでいる。おそらく7月に描かれたのだろう。バラの花びらにのった水滴の中に、革命から王政へと連なる時の流れの一瞬がとらえられている。1820年代には、ルイ＝フィリップの娘でアデライードの姪にあたるルイーズ・ドルレアン王女も、ルドゥーテのレッスンを受けていた。芸術家としての技量は叔母に及ばないながらも、その作品は多くが現存している。ほとんどが花を単体で描いたもので、その中に、ふたつの花をつけた一輪のカーネーションを描いた作品がある。濃いラズベリー・ピンクの花びらに黒っぽい細い縞と線が入っている。素朴でありながら華麗なその姿は、ルドゥーテの貴族の弟子たちが描いた無数の絵に登場し、フランス王室の名声を高めたバラにけっして負けていない。[19]

第6章 カーネーションの虹

色とりどりの私の服に比べれば、
バラも顔色をなくすだろう。
……われこそは色彩のクロイソス王なり。
――エイブラハム・カウリー「ジュライ・フラワー」
『植物をめぐる6つの書物』（1668年）より

情熱、清浄、不滅の愛、あるいは拒絶、失望。カーネーションの色は、相手の伝えたい思いや感情を読み解く鍵となる。多くの花と同様、カーネーションに象徴的な意味が込められるようになったのは中世のことだった。当時、庶民は文字の読み書きができなかったので、文字に頼らず意思を伝達する方法が重視された。しかし当時は花の色もかぎられていた。ビクトリア朝に入ってからあらたな色が加わり、さらに多くの意味やニュアンスがつけ足されていった。その多くは、感情、あるいは性に関係するものだった。もっとも尊ばれているのは白いカーネーションだろう。白いカーネーションは、純潔、幸運、無垢、純粋な愛、無私の献身を表す。ピンクのカーネーションは、感

みごとなオレンジ色の「アプリコット・セルフ（単色）」カーネーション、1888年。

謝、母の愛、完璧な幸福を意味する。色が濃くなるにつれて性的情熱の度合いは増す。あかるい赤は、あこがれ、誇り、友情を表す。尊敬の念が加わることで性的ニュアンスは弱まっている。一方、どす黒い赤いカーネーションは、言葉にできない思いを胸に秘めているときの情熱のうずきや、破裂しそうに高鳴る心臓の象徴だ。ポンソール男爵は、赤いカーネーションを「心の奥底に秘めた思いを打ち明けられる謎多き腹心の友、口に出せない感情の思慮深い伝達者」と評している。[1]異なる品種どうしを掛け合わせるか、人工的に着色しなければ手に入らない濃い紫の花は、予想不可能ななりゆきや浮気性を表すのにぴったりだ。「突飛な空想」という花言葉にふさわしいのは、夢の花と言われるモーブ（藤色）のカーネーションだけだろう。モーブのカーネーションと、失望、拒絶、軽蔑を意味する黄色いカーネーションは、けっして花嫁のブーケに一緒に入れてはいけない。ビクトリア朝時代、予測不能な縞模様のカーネーションの花言葉は「あなたはいない」だった——こうした栽培変種を大切に育てていたペイズリーの機織職人たちが、片時も目を離さず花を世話していたことを考えると、なぜこんな矛盾した花言葉がつけられたのかわからない。

愛の物語は希望に満ちたピンクのカーネーションから、それも縞ではない単色のピンクの花からはじまる（ピンクの縞はこの先に待ち受ける拒絶を暗示する）。いまでは安価で手頃な花、スーパーのレジや駐車場の軒先で売られている日持ちのいい花束のイメージが強いピンクのカーネーション（もしくはナデシコ）。しかしそもそもナデシコは、古くは花嫁が婚礼衣装の中に隠しておいて、婚礼の儀式が済んだあと、好色な花婿が夢中で捜索する花だった。ヨーロッパの婚礼の伝統において、婚礼衣装に隠されていたディアンツスは何色が人気だったのか、はっきりしたことは言えないが、20世紀のウェディングブーケによく使われた処女性や純潔を意味する白ではなく、花本来の「肉」色、もしくは情熱を表す深紅と考えるのが妥当だろう。そもそも花嫁のブーケが、情熱を秘めたこの一輪の花の名残なのかもしれない。花婿が捜索した花は、園芸用ナデシコの近縁種ヒメナデシコ（ディアンツス・デルトイデス Dianthus deltoides）ではないか。花びらの色が、人が頬を赤らめたときのピンク色をしていることから、この花は昔から単純な喜びと結びつけられてきた。ヨーロッパ原産の多年草で、夏のあいだ数か月間咲き続けることからも、婚礼の季節と合致している。近年開発された「ピクシー・スター」という品種もある。タイターニア、オーベロン、パックが活躍する、シェークスピアの『夏の夜の夢』（松岡和子訳、ちくま文庫ほか）の妖精の世界がぱっと浮かんでくる。この戯曲には、頭をロバに変えられて、妖精の女王と恋に落ちるボトムという織物職人も登場する。生涯肉欲を探求したロバート・ヘリック（1591～1674年）の詩「カーネーション」は、花婿がナデシコを捜索する伝統を描いているのかもしれない。

そなたがそこに留まろうと、立ち去ろうと
いっさい香りを残すまいと
それでも信じて、
どこを探せばあなたを見つけられるか、私にはわかる。

私のルシアの尻の中に
（彼女の衣装をそなたは着ている）
かくれんぼしてごらん、
かならずそこで見つけてみせるから

イギリス国教会の聖職者だったヘリックは清教徒革命によって任地を追われ、チャールズ2世が復位したのちデボンシャーの首席司祭に返り咲いた。復帰したときはすでに、「処女たちに *To the Virgins*」や「詩人は恋人を愛すれど結婚はせず *The Poet Loves a Mistress, but Not to Marry*」などの詩で有名になったあとだったので、説教壇に立つ彼を見て、カーネーションのように赤面した信徒もいたに違いない。もっとお堅い20世紀では、結婚1周年の記念日を、永遠の愛を象徴するカーネーシ

純白のカーネーションとナデシコには清らかさのイメージがある。

ョンの花束と、ウェディングケーキの最上段のケーキでお祝いする伝統がある（ウェディングケーキの最上段が1年間保存できたら縁起がよいとされていた）。

現代の花婿は、カーネーションで愛を示すために、花嫁との夜の取っ組み合いまで待つなどということはしないだろう。代わりに現代では、非常にくだけた式以外では、新郎と介添人、そしてほとんどの男性招待客が、スーツの襟を折り返したボタンホール（正確にはブートニエール）に白いカーネーションを飾る。ブートニエールの歴史は18世紀後半にさかのぼる。画家ゲーンズボロが描いた「ウィリアム・ウェイド大佐」は、緋色のフロックコートに小さな花束をつけた男性の肖像画だ。ウェイドは1769年から1777年にかけて、バスの集会室で行なわれていたセレモニーの司会者だった。当時の上流社会の人はみな、彼の流行最先端の衣装と優美ながらも存在感のある花束を、生身の姿でも絵画でも目にしたことだろう。彼の肖像画は、集会室のオーナーが注文したもので、本人がいなくなったあともずっと部屋に掛かっていた。しかしウェイドの花束が、コートの下襟のボタンホールに挿してあったはずはない。というのも当時そんなものは存在しなかったからだ。ただし、乗馬服のインフォーマルな「開き」がインスピレーションになったのかもしれない。1830年代頃、ダブルブレストのフロックコート［衣服の上前・下前にいずれにもボタンホールが開けられて、風向きなどによって左右どちらにも合わせられる仕組みになっていた］が登場した。ダブルブレストにはボタンがたくさん付いていて、予備のボタンホールに花の茎を挿すこともできた。1838年には、フランス人の作家でダンディズムの旗手、ジュール・バルベー・ドールヴィイ（1808〜1889年）が、「私は夜ごとバラを一輪、ボタンホールに捧げている」と記している。19世紀中頃にツイードサイドコートが登場し、それとともにシャツの襟が現われて、襟の下の第一ボタンを返してタイを見せるようになった。そして――ついに！――「ボタンホール」のためのボタンホールが誕生した。ボタンホールのためだけにあると言っても過言ではない下襟の「ノッチ（切り込み）」と下襟の背面に縫いつけられた輪によって、ボタンホールに挿した位置に花の茎を固定できるようになった。高級なスーツジャケットでは、カーネーションのように萼が膨らんだ花も完全に挿せるように、本物のボタン以上に大きなボタンホールが開けられることも多かった。ピンで下襟に花を留めるのはみっともないうえに、ジャケット自体を傷つけてしまう。とくに絹のディナージャケットは、ぜったいにピンで花を留めるべきではない。

残念ながら、ダンディズムに人生を捧げた男バルベー・ドールヴィイは、ゆいいつ現存する肖像画の中でブートニエールをつけていない。とはいえ、1872年の「バニティ・フェア」誌の戯画のためにフランス人画家ジェームズ・ティソがスケッチした、画家で美術品収集家のフレデリック・レイトン卿（1830〜1896年）は、黒い燕尾服に白いドレスシャツを着て物憂げなポーズを取り、胸の目立つ位置にカーネーションが入った小さな花束をつけている。「美への犠牲《いけにえ》」というタイトルがついたこの全身像は、レイトンの都会的で洗練されたたたずまいをよく伝えている。レイトンは、ホランドパークの自宅に画家仲間を集めて豪勢にもてなしていた。レイトンにとってセルフプロデュースは重要な販売戦略だったのだ。しかし彼の物憂げなスタイルは、はじめは画家の仲間たち以外には受けが悪く、彼の真似をして胸にブートニエールを飾る者は現われなかった。オスカー・ワイルドのような「いかがわしい」人物が胸の同じ場所に同じ花をつけていたのでなおさらだった（ワイルドが選んだのは常識を大きく逸脱した緑のカーネーションだったが）。とはいえ胸につけるカーネーションは徐々に社会に浸透し、20世紀の幕が開ける頃には、身だしなみに気をつかう都会の男性の必須アイテムになっていた。

1906年に描かれたイギリスの実業家ウィリアム・ホール・ウォーカーの肖像画を見ると、ウォーカーは、こざっぱりとした昼の盛装にふさわしいサーモンピンクのカーネーションを胸につけている。一方、2年後の「バニティ・フェア」誌の風刺画に登場したP・P・ギルピン氏なる人物は、流行りの服に身を包んではいるが、かなり年輩の競馬好きで、ボタンホールどころか下襟全体が隠れてしまうほど巨大な赤いカーネーションを胸に挿している。ところが1930年代に入ってから、その同じ花を時のイギリス皇太子がボタンホールに挿したところ、ヨーロッパでもアメリカでも、誰も彼もがこぞってその貴族的なスタイルを真似するようになった。上品で、いついかなるときもぱりっとした清潔な服を着て、「ミッドナイト・ブルー」の夜会服を流行させたイギリス皇太子は、昼夜を問わず白いカーネーションを胸につけた。白い花のカーネーションの花言葉が「哀れな私の心」であったことを考えると、ウォリス・シンプソンとの結婚と引き換えに1936年に退位した国王にとって最善の選択だったとは思えない（退位後すぐにウィンザー公になった）。ともあれ、白いカーネーションは「ウィンザー風」と称され、フレッド・アステアやゲイリー・クーパーといった粋でいなせな俳優たちのトレードマークになった。情熱的な赤いカーネーションがさまになったのは、清潔感と貴族的な容貌を兼ね備えた俳優ケイリー・グラントだけだろう。一方、ダグラス・フェアバンクス・ジュニアは白にするか赤にするか決めかねたようだ。赤のカーネーションは——「朱色の」カーネーションも——さわやかなヒーローより、銀幕世界のげすを演じる俳優がこれみよがしに身につけるものだった。千鳥格子のスーツに煙管《きせる》、どぎつい赤のカーネーションを胸につけた俳優テリー＝トーマスの姿をイメージしていただければ、赤いカーネーションを嫌味なく身につけるのは難しいと納得していただけるだろう。1920年代には、一輪の大ぶりなカーネーションに小さなシダをあしらった花束があちこちの花屋で、また街角でも売られていた。花売り娘たちも当時はありふれた光景だった。貴族風スタイルの需要から、カーネーション産業というひとつの産業が生まれ、アメリカやイタリアの各地にどこまでも広がるカーネーション畑が出現した。イギリスではブートニエール用のカーネーションはガラス張りの温室で栽培された。商業用もあれば、田舎の邸宅の庭園で、貴族の主人やその来客のために栽培されるものもあった。

R・C・シェリフの『白いカーネーション The White Carnation』という戯曲は、第二次世界大戦下の中上流階級の硬直した因襲を通して、けっして完全に解決されることのない喪失と不安を描いた幽霊譚だ。タイトルの白いカーネーションを胸につけた主人公はその花びらのように影が薄い。彼はこの劇がはじまる6年前に、妻と、夕食に招いた来客たちとともにV－1飛行爆弾の攻撃で亡くなっている。同じく戦争と苦難の最中の人間の尊厳を思い起こさせるものとして、オランダでは、白いカーネーションは、ベルンハルト王子の花とされている。第二次世界大戦中、王子はレジスタンス運動を支持していることを言外に示すために白いカーネーションを胸につけた。一部のオランダ国民も抵抗の意思表示として王子と同じことをした。戦後、白いカーネーションは、王子、復員兵、レジスタンス運動の思い出の象徴となった。

20世紀初頭、スーツの下襟を飾っていたカーネーションは、社会的にも地理的にもさらに支持層を広げて、はるかオーストラリアの辺境に住む人々からも愛されるようになった。ヘンリー・ローソン（1867～1922年）が1905年から1910年にかけて執筆した「ピンクのカーネーション」は、その人生の一時期の記録である。ローソンはオーストラリアでもっとも人気のあるバラッド詩人だったが、うつ病とアルコール依存症に陥っていた。劣悪な版権契約を結んだために困窮し、離婚した妻から養育費をしつこくせびられたあげくダーリングハースト刑務所に収監されたローソンは、刑務所の粗末な食事のためにいよいよ痩せ衰えた。彼の命を救ったのは詩人仲間で独立精神旺盛なブライアーズ夫人だった。ブライアーズ夫人はローソンを引き取り、その後20年間

ボリス・クストージェフ、ロシアの挿絵画家「イワン・ビリービン」（1901年）、油彩画、キャンバス。芸術に携わる男性は白ではなく赤いカーネーションを胸につけることが多かった——自分の仕事に対する情熱の証として。

看病した。幸せだった過去を振り返るこの詩は、ピンクのカーネーションを人々が胸につけていた時代のバラッド風に読む必要がある。

ぼくは歩く、気を失うまで。ぼくは書く、目が見えなくなるまで。
そして飲もうか、奥歯がぐらぐらになるまで。
けれど忘れるわけにはいかない。かつての破滅と幸福な日々を。
ピンクのカーネーションをコートにつけていた日々を。

ああ、そうだ。時が勝利をおさめ、ぼくの心は氷のように固くなっていくのだろう。
けれど、ふいになにかがこみあげてくる。
ぼくが歩んできた道を、ぼくがいた小さな家と庭を思うと。
ピンクのカーネーションをコートにつけていた日々に。

神よ、いとしいきみを許し、守りたまえ！　きみを悲しませる詩は
二度と書くまい――
過去にきみを傷つけようと書いた詩のことは謝ろう。
けれど思い出して、水に流してほしい。ぼくときみは右も左も
わからないまま出会い、そして結婚したんだ。

ピンクのカーネーションをコートにつけていた日々に。

赤いカーネーションは、愛情と結婚（幸せなものであれ悲しみに彩られたものであれ）から革命と戦争へ、私たちをするりと導いていく。軍事クーデターが血を見ずに終結することはめったにあるものではない。あるいは独裁者が一輪の花に屈することも。しかし、1974年4月25日のポルトガル革命ではまさにそのとおりのことが起きた。革命の口火を切ったのは、国軍運動（略称MFA）が組織したクーデターだったが、一般民衆は彼らの動きを支持し、既存の権威主義的な右翼政権エスタド・ノヴォ（新国家）に対して、予想をはるかに上回る数の市民が立ち上がった。血みどろの衝突が起きるものと予想された。ラジオから流れてくる民謡を合図にMFAの兵士たちが決起しようとすると、ラジオの速報は市民たちに家で安全に過ごすように呼びかけた。しかし市民はその言葉に耳を貸さず、何千もの人が家から通りに飛び出して革命軍を支援し、鼓舞した。当時リスボンの中央花市場にはメーデー用のカーネーションがたっぷり仕入れてあったが、市場に集まった市民は花を手に取り、兵士の銃口や戦車の銃砲にカーネーションの花を挿した。これを見た独裁者カエターノは抵抗をあきらめ、予想されていた大量殺人は回避された。カーネーション革命後、赤いカーネーションは、ポルトガルの民主主義への緩やかな回帰の象徴として利用されるようになり、いまも毎年、「自由の日」と呼ばれる4月25日の革命記念日のポスターや行進に登場している。

メーデーでも、赤いカーネーションは社会主義を支持する世界各地の行進やデモで活躍している。

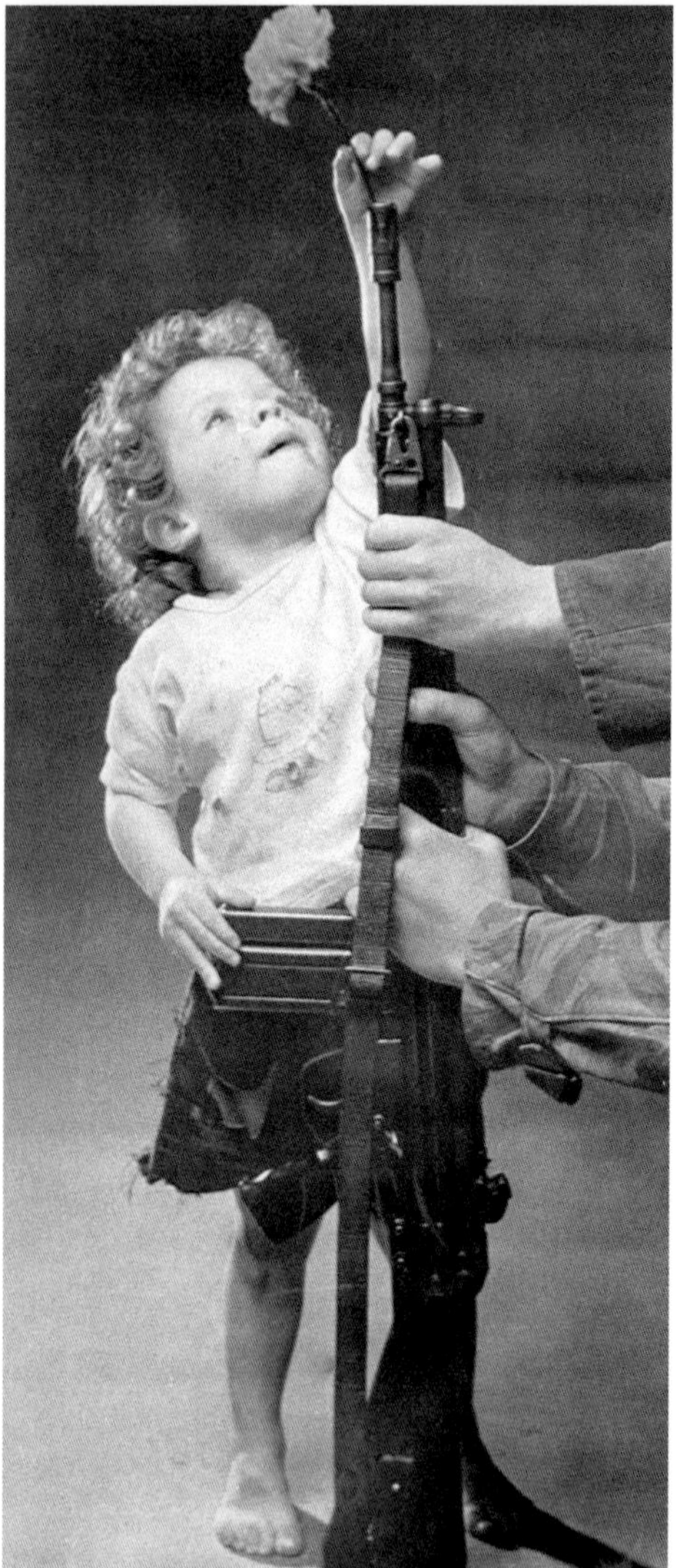

銃口にカーネーションを挿す子供。1974年のポルトガル革命の非暴力を訴えるポスターに関連する写真。

2013年6月、同年5月末の抗議活動で亡くなった人々を追悼するため、赤いカーネーションを手にイスタンブールのタクシム広場を訪れるトルコの人々。

1975年、東ベルリンで行なわれたメーデーの軍事パレード。

カーネーションが労働闘争のシンボルとなった起源は、中世の五月祭（メーデー）だという説もあるが（中世では、労働者は五月祭に休みを取ることができた）、カーネーションと社会主義の大義の結びつきについてはもっと信憑性の高い説がある。1880年代中頃、アメリカで、労働組合の組合員たちが赤いカーネーションを胸につけた。彼らにとってそれは、ヘイマーケット事件（ヘイマーケットの虐殺）の暴動の首謀者として有罪判決を受けた8人の組合指導者と自分たちはひとつであるという意思表示だった。ヘイマーケット事件とは、シカゴのマコーミック収穫機会社で行なわれていた大規模な労働者集会が、何者かが投げ込んだ爆弾が爆発したことをきっかけに、労働者と警察官との無差別暴力に発展した事件だ。90年後のカーネーション革命と違って、この暴動は平和裏に幕を閉じることなく、警察官7人が殺され、一般市民にも4人から8人の犠牲者が出たという。事件が労働運動に与えた衝撃の余波はアメリカでその後長く続いた。社会主義闘争が世界各地に広まるにつれて、赤いカーネーションも社会主義のシンボルとして認知されるようになっていった。イタリア、オーストリア、旧ユーゴスラビア構成国ではいまも毎年メーデーにカーネーションが登場する。

労働組合の指導者は気づいていなかったのだろうが、カーネーションを象徴として身につけることで、彼らは自分たちとまったく異なる思想信条を持つフランスの政治家、ジョルジュ・エルネス・ジャン＝マリー・ブーランジェ将軍（1837～1891年）の支持者と同じことをしていた。侵略的な国粋主義思想（フランス語で報復主義《ルヴァンシズム》という）によって、ルヴァンシュ将軍とあだ名されたブーランジェは、1870年代から80年代の選挙で連戦連勝し、一時は大衆の支持を集めて独裁

ジョルジュ・ファゴの戯曲『カーネーションの伝説』は、ブーランジェ将軍が自殺した影響でヒットした。

ショーン・コネリー扮するジェームズ・ボンド。『007／ゴールドフィンガー』（1964年）。

政治を敷くかと思われていた。「ブーランジェ主義」の信奉者たちは、1871年に普仏戦争でフランスがドイツに敗れてから10年間、ドイツへの報復を要求していた［敗戦国フランスは、アルザス＝ロレーヌの割譲と多額の賠償金を強いられた］。ブーランジェ主義者の大半は王政を支持する保守派で、ブーランジェその人も1871年にパリコミューンを壊滅させた軍事行動に参加し、君主制の復活を積極的に支持していた。ブーランジェの支持者たちは、自分たちの英雄が失脚し、1891年9月に自殺してしまったあとも、トレードマークの赤いカーネーションを胸につけていた。当時の新聞には、イクセル（ベルギーの都市）の墓地で、愛人ボヌマンス夫人の墓の横で拳銃自殺するブーランジェのイラストが掲載された。墓に供えられたリースにカーネーションが交じっている絵もある。イラストは、ジョルジュ・ファゴによるブーランジェの伝記的戯曲、『カーネーションの伝説 *Le Legende de l'oeillet*』の宣伝用ポス

С праздником
ВЕЛИКОГО ОКТЯБРЯ!

1917年のロシア革命を記念する絵葉書にはカーネーションが登場する。カーネーションはパレードにも使われていた。

ターにも使われた。1889年には「ル・フィガロ」紙に、ブーランジェの人生に基づく風刺的なボードゲームが掲載された。そこに描かれたブーランジェと彼の支持者たちは、みなボタンホールに大輪の赤いカーネーションを挿している。

ロシアでは（そして旧ソビエト連邦を構成していたほとんどの国でも）、1917年のロシア革命を赤いカーネーションで祝う習慣があった。毎年11月7日には「偉大なる十月社会主義革命」を記念するパレードや演説が行なわれた（1918年にソビエト政府がグレゴリオ暦を採用したため、記念日は10日ずれて11月になった）。毎年祝典には、労働者たちが社会主義と共産主義の象徴である深紅の風船とカーネーションを手にして参加し、党幹部にはカーネーションの花束が贈られた。1965年、ソ連で、社会主義を象徴する赤いカーネーションをモチーフにした郵便切手が発行され、手紙にあかるい彩りを与えた。当時は革命の日付や旗、カーネーションの絵が描かれた葉書やグリーティングカードがさかんにやり取りされた。幕が下りた舞台にいまも漂う「昔年の香り」があるとすれば、言うまでもなくそれは「赤いモスクワ（*Krasnaya Moskva*）」だろう。カーネーションがベースになった濃厚なこの香水は、輸入規制が緩和されるまで、ソ連の庶民が手に入れることのできた数少ない香水のひとつだった。

いささか紛らわしいことに、オハイオ州の州花も赤いカーネーションだ。ただしオハイオ州に共産主義者が多いわけではない。赤いカーネーションが州花に選ばれたのは、オハイオ州知事で、アメリカ大統領になったウィリアム・マッキンリーへの敬意の表れからだった。マッキンリーは、1877年にアメリカ連邦議会議員に選出されてから1901年に暗殺されるまで、毎日欠かさず

William McKinley
Born at Niles, Trumbull County, Ohio, January 29th, 1843.
Elected Governor of Ohio 1891, Re-Elected 1893
Elected President of the United States 1896, Re-Elected 1900.
Assassinated Sept. 6, 1901. Died Sept. 14, 1901.
Carnation Day January 29th.

1901年に暗殺されたウィリアム・マッキンリー大統領を追悼するカード。ナショナル・カーネーション・デーのもの。

ボタンホールにカーネーションを挿していたという。

1876年の選挙活動中、マッキンリーの対立候補だった植物学者のリーバイ・ランボーンは、自分が開発したブートニエール用の赤いカーネーションを気前よく一輪、マッキンリーにプレゼントした。マッキンリーはこのカーネーションを胸につけて複数の討論会に挑み、選挙に勝利したため、カーネーションを幸運のお守りと考えるようになった。大統領になってからは、ホワイトハウスの執務室にカーネーションの花を常備して、来客に手渡していた。一説によると大統領は、ニューヨーク州バッファローで開かれた汎アメリカ博覧会で、列を作って自分を出迎えてくれた人々と握手し、テンプル・オブ・ミュージックにいたひとりの少女に胸に挿していた赤いカーネーションをプレゼントした。無政府主義者のレオン・チョルゴッシュが群衆の中から進み出て大統領を狙撃したのはその直後だったという。数日後の1901年9月14日、マッキンリーは亡くなった。大統領の命日は、いまもオハイオ州

オハイオ州の州花、赤いカーネーション。ここではディキシー・ベルのジンの広告に使用されている。

では赤いカーネーションの日と呼ばれている。

赤が共産主義や社会主義の色なら、左翼的傾向を表す色はピンクと考える人もいるようだ。「ピンク」または「ピンコ」は、左翼的な政治的見解を持つ人を表す言葉として１９２０年代に用いられるようになった。進歩主義［アメリカで20世紀初頭に起きた、大きな政府によって、社会の進歩と国民の権利を確保しようとする運動］を掲げたロバート・ラフォレット上院議員の支持者について、「ウォールストリート・ジャーナル」紙は、彼らは「空想家で、役立たず、口先ばかりのピンクだ」と断じている。[2]「ウォールストリート・ジャーナル」紙が言わんとしたのは、ピンクという色によって（とくにフランスで）古くから象徴されてきた、活力に乏しく神経過敏な精神のことかもしれないが、「タイム」誌はこれをさらに進めて、１９２５年に政治的立場を表す「ピンコ」という造語を作った。カーネーションに対する直接の言及はないが、赤いカーネーションとの連想から、ピンクのナデシコを高々と掲げる「空想家たち」のイメージがいっそう魅力的に思えてくる。

オックスフォード大学の学生たちは、政治的見解ではなく学業の進捗度に応じて、異なる色のカーネーションを身につける。この大学では、毎年試験を受ける学生は男女を問わず、暗褐色《サブフスク》（ラテン語のfuscusに由来）のガウンに黒のスーツ、蝶ネクタイで盛装する決まりになっている。さらに初年度の試験では白いカーネーション、最終学年では赤いカーネーション、そのあいだの学年ではピンクのカーネーションを胸につけることになっている。白から赤への変化は、試験中、カーネーションを赤のインク壺に入れっぱなしにしていたら、最後の試験のときには赤くなっていた故事に由来すると言われている（出典はかなりあやしい）。ケンブリッジ大学の試験には、こういった植物にまつわる自慢話はない。花粉症の人にはありがたいことかもしれない。

花の色の変化が時の経過を表すもうひとつの例が、アメリカとカナダの「母の日」だ。現在では通常5月の第2日曜日が「母の日」とされている。伝統の創始者であるアンナ・ジャービス［1864～1948年］が、母の愛情の清らかさを表すために選んだ花は白いカーネーションだった。しかしその象徴性は時が経つにつれて進化し、現在では、母が元気な人は赤いカーネーション、母を亡くした人は白いカーネーションを胸に飾ることになっているらしい。韓国では、5月8日が、父親と母親に平等に感謝する「父母《オボイナル》の日」だ。父親も母親も赤かピンクのカーネーションを胸につける。カーネーションのコサージュをつける人もいる。ポーランドでは、社会主義国だった時代は母の日ではなく女性の日が祝われていた。当時は手に入れにくかった化粧品など、ちょっとしたプレゼントをカーネーションに添えて贈る習慣があった。

ディアンツス属のもっとも一般的で伝統的な色は、赤、ピンク、白だが、品種改良のしやすさや、水を通して色を吸収できる能力（食べるものによって羽の色が変化するフラミンゴに似ている）を利用して、自然の「肉」色に現実にありえない色を足すことで、サーモンピンクから、黄色、モーブ（藤色）、そしてなんと緑色まで、ありとあらゆる色の花を作ることができる。カーネーションは、デルフィニウム属に豊富に含まれ、青い花弁の原因になる色素デルフィニジンを自然に生成することができない。ところが香水ブランドのロジェ・ガレは、この夢の花の香りをつかまえることに成功し、1937年、「ウイエ・ブルー（青いカーネーション）」を発売した。シナモンカーネーション、クローブ、ローレル、そしてバニラのめくるめく組み合わせは、戦前の退廃的な空気を体現し

MOTHERS' DAY
White flowers we mingle
with red everywhere,
Setting this day apart
from the rest;
So mothers who live, may
with those over there,
Be honored as of all friends
the best.

このもの悲しい詩は、白いカーネーションを使って、亡くなった母親を偲ぶようアメリカ人に呼びかけている。

たビロードのようになめらかで、重厚で、ぴりっとスパイシーな甘い香りだった。重厚かつ個性的な魅力を備えたこの香水は、男性の気を惹きたい女性たちに愛用された。1976年、女性の役割の変化とジェンダー闘争を反映してこの香水は廃盤になった。その後同じ名前のカクテルが誕生したが、異性を誘惑する官能性においては香水にかなわないようだ。幸運にもロジェ・ガレの「ウィエ・ブルー」を見つけ出すことができた人は、香水のパッケージに描かれているのが青いカーネーションではなくヤグルマソウ（フランス語でbleuet）と知って驚くだろう。ヤグルマソウは昔から繊細さや気の弱さを象徴する花とされ、フランスでは戦没者を追悼する花として赤いケシの代わりに用いられることもあるのでよけいにややこしい。モーブのカーネーションは、最近まで「水に浸す」技術でしか入手できなかった。この花もフランスでは葬儀用の花のイメージがある。遺族への同情や哀悼を表す花として使われていることを考えれば、フランスでカーネーション全般が不吉な花とされているのも不思議ではない。

もうひとつの人工的な色――緑色のカーネーション――を愛用したのは、戯曲家で、機知に富んだ名言の数々を遺した詩人オスカー・ワイルドだ。白いカーネーションやブートニエールに象徴される、異質なものを排除しようとする社会の圧力を覆すために、ワイルドは、『ウィンダミア卿夫人の扇』の公演初日の夜、俳優に緑に染めたカーネーションをつけさせた。ワイルドは友人たちにも同じ緑のブートニエールを送っていたため、にわかに連帯感が生まれた。なぜ緑のカーネーションを選んだのかと問われ、「理由なんてない。ただ、誰にも思いもよらない色だから」とワイルドが答えたことは有名だ。しかし、緑から連想されるアブサン（あざやかな緑色のリキュール）の退

人造染料によって作られた緑色のカーネーション。

悪評の原因となったカーネーションを胸につけるオスカー・ワイルド。

廃、そしてワイルドの芸術家気質を考えれば、内情をよく知る者にはそれだけで充分通じたのだろう。1894年、匿名の著者による1冊の本が出版された。オスカー・ワイルドと彼の恋人アルフレッド・ダグラス卿をモデルにしたといわれるその本のタイトルは、言わずと知れた『緑のカーネーション *The Green Carnation*』だった。小説の冒頭1行目で、ヒーロー(あるいはアンチ・ヒーロー)のレジナルド・ヘースティングズ卿は読者の前に次のように姿を現わす。彼は「夜会服の襟に緑のカーネーションを滑り込ませ、ピンで所定の位置に留めると、長い鏡に映る自分の姿を見つめた」。レジーは、美への愛の結実であるおのれの姿に陶然とし、自分の非凡な才能に喜びを覚え、魅力だけでなく評判が悪いことを理由に友人を選ぶ。「汚点のない人生の白い花はあまりに味気なく、彼にはまったく魅力が感じられない」レジーが緑色のカーネーションを選ぶのは、「芸術が自然に道を示したからであり、「彼には」自分

の不純で隠微な若さの情熱のすべてを傾けて異常なものを崇拝する」という独自の信念があるからだ。緑のモチーフは、彼の親友の「エズミ・アマランス氏」という架空の名前に引き継がれている「アマランサスは伝説の不死の花」。エズミ・アマランスこそオスカー・ワイルドの分身である。彼は晩餐後の語らいの時間に「ジョークを飛ばし、多かれ少なかれ因習的な礼儀作法の産物にすぎないむなしい衣服を脱ぎ捨てて裸になり、バッカス神の信徒のごとく、会話に興じながら踊り、浮かれ騒いだので、世間に倦《う》んだ男たちの心も熱く燃え上がった」。本が出版された当時、「オブザーバー」紙の書評は「ここ数十年で、これほど破廉恥にして奔放、そしてこれほど痛快な本にはお目に掛かったことがない」とコメントし、ワイルド本人が「ペルメル・ガゼット」紙上で、『緑のカーネーション』の著者は自分ではないと反論しなければならなかった。ワイルドは、「世にも稀なるあの花を発明したのは私だ。しかし私のものであるはずの、奇しくも美しい名前を騙《かた》った中産階級的で凡庸なこの本は私といっさい関係ない。この花は芸術作品だが本はそうではない」と主張している。[3]本が傑作か駄作か、緑のカーネーションが芸術作品か自然の産物かはともかく、ロバート・ヒチンズの暴露本がきっかけとなって、ワイルドは裁判で有罪を宣告され、2年間の強制労働を強いられたあげく社会から抹殺された。

とはいえ、緑のカーネーションが消えることはなかった。1929年に劇作家ノエル・カワードが発表したミュージカル「ほろ苦さ」には、「ぼくらはみな緑のカーネーションを身につけている」という歌が出てくる。カワードはオスカー・ワイルドの信奉者ではない。彼の日記には「オスカー・ワイルドの手紙を読んで、残念ながら彼が人類史上もっとも愚かで、うぬぼれ屋で、魅力に乏しい人物のひとりであるという結論に達した」と記されている。[4] とはいうものの、カワードの歌詞は、世間に倦んだワイルドの声色をしっかりととらえている。

粋で気の利いたぼくらは、
とっても、とっても
ものぐさだから、澱んだ社会と戦えない
高慢ちきでわんぱくなぼくらには
刺激を求めるしか能がない
社会の門はいつも大きく開いてる
ぼくらの奇妙なふるまいを世間は大目に見てくれる
これまでなかった変わったものを、ぼくらはきっと生み出すさ
ごてごて派手な服を着て
ぐったり、うんざりしているぼくらは
女たちと
無骨な男たちの国への贈り物なのさ
まだ目の覚めてない連中とは違う、だって
ぼくらはみな緑のカーネーションを身につけている。

こうして、1930年代に入ると、「緑のカーネーション」は1890年代よりいっそう強固に同性愛の「暴露」と受け止められるようになった。ただし、カワード自身は正式には「カミングアウト」していない。そうするように勧められたときも、「ワージングには、そうしたことに疎い年輩のご婦人方がいるから」とかわしている。ロンドンのソーホーにはいまも「緑のカーネーション」というクラブがあり、その悪評を守っている［現在は閉店］。2010年にはLGBT文学に贈られるグリーンカーネーション賞が創設された（ロンドンの老舗書店フォイルズ協賛）。LGBTのあらゆる文筆家を対象とした賞で、ネットでカーネーションの新種の情報を探す園芸家たちを混乱させている。オスカー・ワイルドが擁護した緑のカーネーションは、政治的混乱を招いているかもしれない。緑のカーネーションは人工的な花として甦り、近年、ありとあらゆる緑色のものと並んで、世界各地のアイルランド系の人々が、聖パトリックの祝日に身につけるアイテムとされるようになった。2015年、ニューヨークの聖パトリックの祝日パレードに、ゲイや同性カップルの団体を参加させるかどうかで実行委員会の意見が割れた。彼らを受け入れなければ、緑のカーネーションを2本胸につけることができると主催者が主張したのなら嘆かわしいことだ。

カーネーションの虹の中で残すは黄色のみとなった。純然たる黄色のカーネーションは、数百年ものあいだ幻の花と言われてきた。さまざまな品種の中で、発見されたかと思えば見失われ、また発見される、そんなことが繰り返されてきた。そして発見されるたびに、今回の花は前のものより黄色いと言われてきた。いまではあたりまえのように花束に入っている黄色のカーネーションだが、遅れて登場したため、「拒絶」とか、「あなたにはがっかり」（ますます穏やかでない）といった花言葉しか残っていなかった。花を贈られるとき、そんなメッセージを期待する人がいるだろうか。

最後に、16世紀には、「カーネーション」は、ほかの淡紅色《ピンク》の花や布の「色」を表す言葉だった。いまや「カーネーション」には虹のすべての色がそろっている。にもかかわらず、「淡紅色」という意味が残っているのには驚きだ。

第7章　絵画の中のカーネーション

切子ガラスの花瓶、ぴかぴかに磨かれたその上に鎮座するは
バラ、カーネーション、ダリア
手近な愛のコレクション。
――ハリー・J・ホースマン、「古いジャムの瓶」より（2012年）

1885年、夏の終わりの昼下がり、イギリス、コッツウォルズ地方の村ブロードウェイで、画家のジョン・シンガー・サージェントは、完成までに2年を要する1枚の絵の制作に取りかかった。友人の画家フランシス・デービス・ミレーの庭を包み込む、沈みゆく太陽の温かな輝きをとらえるために、サージェントは、中国製の提灯に火を灯そうとするふたりの少女と、そのふたりを囲む、ユリ、バラ、カーネーションの絵を描くことにした。この絵のインスピレーションとなったのは、その年サージェントが、アメリカ人の画家エドウィン・オースティン・アビーとテームズ川の川下りをしていたときに、パンボーンという村で見た、家々の軒先に吊された中国製の提灯だった。絵

の制作は当初少々難航した。ミレーがブロードウェイ通りに借りていた家から同じ村のラッセル邸に引っ越したために、舞台となる庭が変更になったり、ミレーの娘キャサリン（5歳）の髪の色が画家のイメージに合わなかったため、絵のモデルが、別のふたりの少女（挿絵画家フレデリック・バーナードの娘、ポリー（7歳）とドリー（11歳））に交替したりしたためだ。完成した絵の中で、ふたりの少女は庭に咲き乱れる花々の中央で、提灯に火を点けようと集中している。この世のものとは思えないほど豊かに咲き誇る花々に囲まれた少女たちの足下に赤と白のカーネーションが咲いている。少女たちの頭上には純白のユリ、そしてバラが構図全体を縁取っている。

まるふた夏、サージェントはこの等身大の絵の制作に没頭したが、制作に費やした時間は毎日わずか数分だった。画家は、完璧な薄紫を帯びた理想の光がその光景を包み込む一瞬を待っていた。友人で詩人のエドマンド・ゴスは、自分の思い通りの光が現われだしたときの画家の創作方法を次のように記している。

> 即座に、［サージェントは］キャンバスから所定の距離を取ると、光の合図に合わせてさっとセキレイのような身のこなしで芝生の上を走っていき、キャンバスに絵筆を走らせた。それからまたうしろに下がって、同じように唐突にセキレイの動きを繰り返した。こうしたすべてはわずか2、3分の出来事だった。みるみる日が陰っていくと、彼は幼いご婦人方に後片付けをまかせてわれわれに合流し、薄明が許すかぎり、芝生でテニスの最終回に興じた。[1]

灰色の葉を背景にした濃い深紅が、あかるい薄紅色のバラとコントラストを成す。タイトルのカーネーションがふたりの少女を囲んでいる。ジョン・シンガー・サージェント、「カーネーション、リリー、リリー、ローズ」（1885～1886年）、油彩画、キャンバス。

自然のことわりどおりに花がしおれれば、代わりの花が植えられただろう。しかし正確にはなんという種類の花だったのか。バラは当時開発されたばかりの、ピンク色でふわふわとした花びらを持つ「セシル・ブルンネ」と言われている。ユリはおそらくリリウム・ギガンテウム（*Lilium giganteum*）だろう。しかし、カーネーションは特定されていない。絵が描かれた時代と茎の長さから考えて、当時市場に流通していた50種類以上ある「ツリー・カーネーション」のひとつだろうか。ただし、戸外の草むらに植えられていることから（まったくの演出でなかったとすれば）、花壇用の園芸品種という可能性もある。品種があきらかでないにもかかわらず、カーネーションは、サージェントがこの作品につけたタイトルの冒頭を飾っている。「カーネーション、リリー、リリー、ローズ」という絵のタイトルは、当時流行していた、コルシカ系イギリス人作曲家ジョゼフ・マッジンギ［1765～1844年］の「汝、羊飼いよ、告げよ」から取られたものだ。

汝、羊飼いよ、告げよ
そなたが見たものを
私のフローラがこの道を行くのを見たか?……
頭に花冠
花冠には
カーネーション、リリー、リリー、ローズ
手には杖

光、日々成長する少女たち、そしてしおれゆく花々と2年間格闘した末に、サージェントは、黄昏時の光に没頭したことを後悔するようになり、この絵を「ダーネーション、シリー、シリー、ポーズ（呪わしい、じつに馬鹿馬鹿しいポーズ）」と呼ぶようになった。しかしこの絵はサージェントの代表作となり、数えきれないほどの複製画が作られ、そのタイトルのためにもっとも有名なカーネーションの絵画となった。

サージェントのカーネーションの正体は特定されていないが、もっと前の時代に活躍した、彼より植物に造詣の深い画家たちのカーネーションの身元は割れている。1764年、ドイツ生まれの植物画家ゲオルク・ディオニシウス・エーレットが繊細な水彩画の中に描いた花は、のちにパーペチュアル・カーネーションの開発において重要な役割を果たすセキチク（ディアンツス・キネンシス *Dianthus chinensis*）だった。セキチクは、ヨーロッパから遠く離れた、中国、朝鮮、モンゴルが原産地で、エーレットの絵に描かれた、か細い葉、ひょろりと長い茎の先に小さな赤と白の花をつけたその姿はいかにも儚《はかな》げだ。現実のセキチクは、森のはずれや草原、渓流のほとりやモンゴルのステップに自生する多年生の植物で、中国には多数の栽培変種があるが、エーレットは自分の作品の花がどの品種かまではあきらかにしていない。この作品が描かれた当時、セキチクはヨーロッパでは比較的まだあたらしい品種だった。種が中国からフランスにはじめて運ばれてきたのは1705年頃のことで、パリで記録されるようになるのは1719年以降である。エーレットは庭師の息子で、植物画家であると同時に熱心な植物学者にして昆虫学者、花の絵の教師も務めた。1730年代からロンドンに移り住み、チェルシー薬草園で外来種の植物絵を描いた。ディアンツス・キネンシスに注目するようになった1760年代には王立協会の会員になっていた。フィリップ・ミラーの『園芸事典 *The Gardener's Dictionary*』や、ウィリアム・エイトンの『キュー植物園 *Hortus Kewensis*』の挿絵も描いている。後者は、世界各地からキュー王立植物園に届けられためずらしい植物を記録したものだ。18世紀中頃、ヨーロッパ、とくにフランスとイギリスでは中国の植物や「中国風」の庭園が流行していた。バークシャーのウッドサイド・ハウスに代表されるような庭園にあった中国風の「あずまや」や、精巧な彩色が施された中国式寺院や茶室には可憐な「セキチク china pink」が歓迎されただろう。これらの庭園の植栽は、地理学的にはあまり厳密でない場合が多かった。ロココ風モチーフと中国風モチーフが同時に流行していたうえに、庭のあるじたちはアメリカ大陸からやってきた外来種も自分の庭に植えようと躍起になっていた。植物にそれほど関心のない人にとっては、その花が中国産であろうが日本産であろうが、はたまたインド産であろうがどうでもよかった。実際、ディアンツス・キネンシスは、「インド・ナデシコ」、あるいは「エンパイア・ナデシコ」と呼ばれていた。イギリスのこういった庭園の記録を専門にしていたのが画家のトーマス・ロビンズ親子（父、息子とも同名）だった。1750年代後半、トーマス・ロビンズ（父）が制作したウッドサイド・ハウスの庭園の絵には、スイカズラの「枠」の中に、レンリソウ属（*Lathyrus*）の植物［スイートピーやレンリソウなどを含むマメ科の属］、サクラソウ、そしてもちろん「インド・ナデシコ」の姿が見える。

同じく18世紀の画家ピエール＝ジョゼフ・ルドゥーテが取り上げたのは、繊細なたたずまいのウイエ・ド・シーヌ（ディアンツス・キネンシス［セキチク］）ではなく、バラのように大きくふくよかな花弁と幅広の葉を持つ満開のディアンツス・カリオフィルス［カーネーション］だった。ルドゥーテは、人気だった可愛らしい「花束」の絵にしばしばカーネーションを入れているが、『美花選 *Choix des plus belles fleurs et des plus beaux fruits*』という水彩画集のために選んだのは、白い地に紫がかったピンクの縞が入った花だった。1827年から30年にかけてパリで出版されたこの本は、当時のもっともすぐれた花々と、「花のラファエロ」と呼ばれた画家の卓越した技量を示している。1840年、死を目前に控えた80歳のときに刊行された最後の大著で、ルドゥーテは創作の秘訣を次のように語っている。

経験によって目を開かれ、自分の国はおろか遠い外国の博物学者および画家のみなさまの心温まる嘆願に励まされて、幅広い植物の研究に没頭し、自然をたゆまず調査し、植物の姿かたちと色の不変性と多様性の両方を観察してきた結果、ついに私は、正確さ、構図、そして色彩の3点が組み合わされることによって、すばらしい作品が生まれると確信するにいたりました。この3つが調和してはじめて植物の図像は完璧なものとなるのです。[2]

ルドゥーテの原画は、植物の細部を再現するのにとくに適していると言われたスティップル（点刻法）という彫刻法で複製された。ルドゥーテの弟子ないしパトロンには、マリー・アントワネットにはじまり、ナポレオン1世の2番目の妃マリー・ルイズまで、フランスの5人の王妃と皇妃がいたことは有名だ。「王妃の私室の素描家にして画家」という地位のために、革命中は難しい立場に立たされたが、その技量のおかげでロンドンのキュー王立植物園にすんなり採用されてしばらく働いたのち、ジョゼフィーヌ皇后がマルメゾンで収集していた花々を記録するようになった。ルドゥーテと、彼の貴族のパトロンや弟子たちが生涯にわたって愛した花はバラとユリだったが、『美花選』にまだらのウイエがおさめられていることは、彼がカーネーションを愛していた証左だろう。さらに、深紅、紫、白、黄の「単色」の4本のカーネーションを描いた「さまざまなウイエ」という絵は、19世紀初頭のフランスで、彼のパトロンたちの庭にどんな色のカーネーションが咲いていたかを教えてくれる。

作風がまったく異なるにもかかわらず、ピエール＝ジョゼフ・ルドゥーテは、17世紀から18世紀にかけて低地諸国［現在のオランダ、ベルギー、ルクセンブルク］で活躍した静物画家の後継者と称される場合が多い。「黄金時代」の画家と呼ばれる彼らの静物画には、当時生まれたばかりの「栽培家の花」がしばしば描かれている（もっともよく取りあげられたのは親とは似ても似つかないチューリップの変異種）。アイリスやローズマリーの小枝といった宗教的象徴性を帯びた植物も好まれた。カーネーションは、植物と宗教、どちらをテーマにした絵の題材にもなりえたので、バルタザール・ファン・デル・アスト（１５９３頃～１６５７年）の「永久《とこしえ》の8月、チューリップ、アヤメ、カーネーション、その他万里の花瓶に活けられたる花々 *Still-life of a Semper Augustus Tulip, Irises, a Carnation and Other Flowers in a Wan-Li Vase*」といった絵画に、縞模様の輝かしい姿を留めること

トーマス・ロビンズ（父）、「イギリス庭園の中国風あずまや」、18世紀、水彩画、グワッシュ、紙。バークシャー州ウッドサイド。当時は数多くあった中国風の装飾を備えた庭園のひとつ。

ができた。「永久の8月」のチューリップは、1620年代には1000オランダギルダーだったが、「チューリップ狂騒」がはじける直前の1630年代末には5000ギルダーに高騰していた。当時はカーネーションも高価な花のひとつで、チューリップほど高額ではなかったものの、当時の絵画には「燃え立つような赤い色」や縞模様のカーネーションも登場している。バルタザール・ファン・デル・アストは、オランダ黄金時代の画家のひとりで、さまざまな種類の花を中心にして、周囲に、貝殻、トカゲ、果物などをちりばめた構図が多いが、ほぼカーネーションだけを描いた珍しい作品もある。「花の習作：花瓶の中のカーネーション *Floral Study: Carnations in a Vase*」に描かれているのはさまざまな姿かたちの六輪のカーネーション。縞模様のものから、単色のごく淡いピンク、派手な赤い色のものまで、彩り豊かな花々が黒地を背景に描かれている。現在はリーズ美術館に収蔵されている。花弁1枚1枚にいたるまで細かく描き込まれていて、花びらごとに異なるギザギザ（波形模様）、中央の花についているかすかな斑点、いちばん背の高い花の華やかな縞模様は、約400年前にこの絵が描かれたときとおそらくまったく変わらず、いまも生き生きとして美しい。

花をテーマにした黄金時代の絵画では、カーネーションは籠や花瓶に入れられ、あらゆる季節の花や果物と一緒に描かれていることが多い。パーペチュアル・カーネーションの誕生はまだだいぶ先の話だが、バラ、ボタン、マリーゴールド、熟れたサクランボ、アンズ、そしてザクロまでもが同じ絵の中に登場している。ファン・デル・アストのカーネーションの絵には、同じ花瓶に、バイモ（アミガサユリ）、クロッカス、シクラメン、そして早咲きのバラが活けられている。一方、ヤン・ダビス・デ・ヘーム（1606～1684年）が描いたカーネーションの隣には、ぱっくりと口を開けた熟れたイチジク、赤みを帯びたブドウ、モモ、そして春に咲くはずのチューリップが見える。これらの絵画は、促成栽培室や温室の産物というより、四季ごとに植物や果実を巧みにつけ加えていった結果完成されたものだろう。少なくともグループ分けの点でもっと現実に近いのは、18世紀初頭に、画家や養苗家たちがこぞって売り出して人気になった、「月ごと」の絵だろう。一般的に黄道十二宮の記号か、その月にふさわしい神話の女神が描かれた花瓶に活けられた花々は、自慢げで楽観的に過ぎるきらいはあるものの、少なくとも、その月に富裕層の庭に咲くと考えられていた花だった。1730年にケンジントンの養苗園主ロバート・ファーバーが出版した「花の12か月 *Twelve Months of Flowers*」には、6月から10月までカーネーションが登場する。実際、冬から早

17世紀のゴットルプ写本の植物の挿絵。その品質は現代のポスターアートに匹敵する。

縞模様のチューリップの横で誇らしげな様子の縞模様のカーネーション。ヤン・ダビス・デ・ヘーム、「メメント・モリ」（1665年頃）、油彩画、キャンバス。

春にかけてカーネーションの花は咲かなかった。ファーバーの絵入り「カタログ」には購読者が450人もいたという。おそらく、カタログが宣伝している植物以上の収入を店にもたらしたことだろう。花のカタログ以外に果物の絵のカタログもあった。絵の下には花の名前を記した一覧があり、富裕層が数字を書いて注文する仕組みになっていた。おそらく世界最古の園芸カタログだろう。

ファーバーの「花の12か月」に登場する、小さな花瓶からあふれんばかりに咲き誇る、現実にはありえない花のピラミッドを見たあとで、植物学的にもっと厳密な作品に目を向けるとほっとする。そこでは、園芸家の心に羨望を燃え立たせるものは色と模様の多様性だけだ。医者で植物学者のロバート・ソーントンが、自著『フローラの神殿』(荒俣宏編著、リブロポート)のために制作させた挿絵には、カーネーションの歴史上もっとも高価な植物学的描写がおさめられている。ソーントンは、すべての生物を2語のラテン語で表記する二名法と、植物を生殖器官によって、すなわち雄しべや雌しべの形と数によって分類する近代的システムを構築したスウェーデンの博物学者、カール・リンネの著作に感銘を受けて本の制作を思い立った。1790年代、ソーントンはリンネのシステムの挿絵付き解説書の制作に意欲満々で取りかかった。その第3部となる『フローラの神殿』には、70枚のフルサイズ・フォリオ版の挿絵がおさめられる予定だった。挿絵は、当代一の人気画家フィリップ・ライナグルとピーター・チャールズ・ヘンダーソンが描き下ろした原画を、トーマス・メドランド、ジョゼフ・コンスタンチンら一流の銅版画師たちがアクアチントやスティップルといった技法を駆使して彫版し、彩色を施したものだ。この『フローラの神殿』の巻の制作費だけで目玉が飛び出るような金額になった。ソーントンは大慌てで、ジョージ3世の妻で、植物学および芸術の当代一のパトロン、シャーロット・オブ・メクレンバーグ＝ストレリッツ王妃（ピコチーのコレクターでもあった）に本書を献呈するという1ページをつけ加えた。しかし王室からの援助は得られず、ソーントンは兄の死によって一族の財産を相続したにもかかわらず、国の許可を得て「くじ」を販売して、負債の返済につとめなくてはならなかった。最終的に制作された挿絵は33枚に留まった。その中には原寸大のカーネーションの絵もあった。ソーントンは損失から完全に立ち直ることなく、1812年に『大英植物誌 *The British Flora*』を発表したものの、『フローラの神殿』が出版されてから30年後、極貧のうちに亡くなった。一方、『フローラの神殿』の挿絵のカーネーションは、絵画作品として単独で取りあげられるようになった。独立した絵として複製され、イギリス中の応接室の壁を飾るようになったのだ。これらの絵はいまも複製画として販売されているが、少々変更されたり、背景がまったく違ったものになっていたりして、『フローラの神殿』とは無関係とされることが多い。ヘンダーソンによる原画では、六輪のカーネーションとひとつのつぼみは、フレークとファンシーと当時呼ばれていたタイプで、縞の色は、ピンク、赤、紫。ある花の紫色の縞はもう少しで青と呼べそうな色をしている。背景は、『フローラの神殿』のすべての挿絵と同様、漠然とした異国情緒を湛えた風景で丘と湖が見える。右手の建物はおそらくオランジェリー［オレンジの木を栽培するための豪壮な温室。富豪貴族の象徴とされた］か温室だろう。さらに驚きなのは、この本にカーネーションと一緒におさめられている花々だ。「四角いパッションフラワー」、「ドラゴン・アルム［サトイモ科テンナンショウ属の植物。竜の牙を思わせる花の形をしている］」、「アメリカ産湖沼植物群（食虫植物）」、「アメリカン・アロエ」、そして神秘的な「夜の女王［別名ムーンライト・

カーネーションの一群。ピーター・ヘンダーソンの原画をマドックスが彫版した。ロバート・ソーントン医師の『フローラの神殿』（1807年頃）より。

カクタスというアメリカ産多肉植物」」。カーネーションにお似合いの仲間としてイギリスの園芸家たちに親しまれていた花で、この本におさめられているのは、チューリップ（燃え立つような赤い色）、オーリキュラ、スノードロップ［マツユキソウ］くらいのものだろう。

ソーントンのインスピレーションの源となったのは、彼より前の時代の、そしてさらに古い時代の「本草書」にひそやかに取って代わっていた花に関する数多くの書物だった。こうした本の画材とされたのは、本の著者のパトロンたちが収集していた花々だった。1623年のピエール・バレによる『フランスおよびバラの王、篤信王ルイ13世の庭』、また17世紀中頃にニコラ・ロベールが描いたオルレアン公爵のコレクションがその代表だろう。しかし、もっとあとの時代の画家たちは、その多くが規模の点では劣るものの、自分たちの庭を創作の源泉とした。フランス人画家、イニャス・アンリ・テオドール・ファンタン＝ラトゥールは、1876年以降、妻が伯父から相続したビュレという村の庭園の草花を描き続けた。アンリと妻のビクトリア・デュブールは（ビクトリア自身成功した画家だった）、自分たちの絵画の素材になる花々を厳選して庭に植えた。その中には開花期間の長いカーネーションや繊細なナデシコもあったが、残念ながらその香りはキャンバスには再現されていない。ファンタン＝ラトゥールの花の絵は、友人のホイッスラーによってイギリスの市場に紹介され、エドウィン＆ルース・エドワーズ夫妻などのパトロンを通じてロンドンで飛ぶように売れた。そのため、彼の生前、その花の絵はフランスではほとんど知られていなかったという。彼が描いたカーネーションのほとんどは、大輪の、花びらが幾重にもなった単色の花だ。ある作品では、ガラス瓶いっぱいに活けられた純白のカーネーションが黒っぽい背景とあざやかな対照を成

エドゥアール・マネ、「ガラス花瓶の中のカーネーションとクレマチス」(1882年頃)、油彩画、キャンバス。

現代の写真。マネのカーネーションを再現している。

アニタ・マグサイサイ＝ホー、「カーネーションを手にする女性たち」（1990年）、油彩画、キャンバス。

している。庭で摘んだ花を、最初に目についた容器に無造作に活けたかのような風情があり、カーネーションの茎がガラス瓶にぴったりおさまっている。ピンク、紫、白色のカーネーションをシャンパングラスに活けた絵や、バラやボタンと一緒の絵もあり、ビュレの庭の豊かさが偲ばれる。ファンタン＝ラトゥールには、静物画で稼いだお金があったので、肖像画に思う存分没頭することができた。彼が描いた肖像画の中には、親しい友人たちや仲間の画家たちの集まりを描いたものもある。その中にはドラクロワ（1798～1863年）やエドゥアール・マネ（1832～1883年）もいた。マネも花の静物画を描いているが、彼のスタイルは友人に比べてはるかにモダンだ。マネの「ガラス花瓶の中のカーネーションとクレマチス」（1882年頃）に描かれているカーネーションは、ファンタン＝ラトゥールの庭の、束になったこんもりとした花びらのものに比べると、ほっそりとした淡いピンクの八重咲きの花で、どちらかというと素朴なナデシコに近く、目の覚めるような青紫色のクレマチスに主役の座を奪われている。

カーネーションの絵は、花の標本としても魅力的ではあるが、もっと豊かな物語を内包したイメージの一部としてとらえるといっそう興味深くなる。たとえば、先の章で紹介したように、宗教におけるカーネーションの象徴性や、カーネーションと愛、婚約、結婚生活とのつながりを利用すれば、容易に意味を解読できる場合もある。たとえば、ハムデンのエリザベス1世の肖像画で、女王が握りしめている一輪のカーネーションは、女王が、神および祖国と結婚していることを象徴している。その30年前に描かれたもっと陰鬱な肖像画の中で、エリザベスの母アン・ブーリンも赤い1輪のカーネーションを握りしめている。こちらはヘンリー8世との（呪われた）結婚を暗示しているのだろう。画家オットー・ディクス（1891～1969年）の自画像も、観る者に過去の絵画を連想させる装置としてカーネーションを利用している。画家は自画像の自身の手にカーネーションを握らせることで、同じポーズを取る15、16世紀の画家と自分を重ね合わせている。その他の絵はもっと複雑か、謎めいている。1925年、スイスの画家フェリクス・エドゥアール・ヴァロットン（1865～1925年）は、テーブルの上の炻器の花瓶に活けられた深紅のカーネーションと、その隣に広げられた帳簿の絵を描き、そのまま「カーネーションと帳簿 *Oeillets et livre de comptes*」と名づけた。インク壺の上でバランスを取るペンの軸も赤い色をしている。晩年のヴァロットンはオレンジ色と赤色に魅せられていたらしい。キンレンカ（ナスタチウム）を活けた花瓶や、真っ赤なサクランボが入った籠のさまざまな絵を描いている。1910年、ある批評家はヴァロットンについて、彼の絵の色彩には「喜びがまったく欠けている」と言ったが、1920年代以降に描かれたチューリップやカーネーションの花瓶の絵には生命力がこもっている。その最たる作品が「カーネーションと帳簿」だろう。おそらくこの作品は、富と無縁のまま収支決算をつけなければならない人生と、自分の生命をじきに食い尽くすであろう癌に対する画家の果敢な抵抗を表現しているのだろう。水彩画家で版画家のエリック・ラビリオスの妻、ティルザ・ラビリオス（旧姓ガーウッド）の「婦人参政権論者の家 *The Suffragette's House*」も興味深い作品だ。絵の中では、芝生に置かれた青い「ドールハウス」を小さな釘のような形の人形たちが取り囲んでいる。人形はみなカーネーションの花びらのスカートをはき、デルビーシュのようにくるくると回転しながら踊っているように見える。ひとりを除く全員が、中心が黄色く、「縞のある」ピンクの花びらを着ている。ひとりだけが、はっと目を引くケシ色のドレスを着て、つやつやと光沢のある黒い目を持っている。その光景を、ちっぽけなドールハウスの屋根に届く木ほども高いカーネーションが見守っている。純白の花びらにはレース細工のように深い切り込みが入っていて、踊り子たちの重いスカートと対照を成している。画家は意図していなかっただろうが、この絵は、フランシス・ベーコンがサマセット伯爵と伯爵夫人の結婚に際して上演した有名な「花の仮面 *Masque of Flowers*」の現代版と言えるだろう。その舞台では、チューリップや「ジリフラワーの鉢」がいきいきと活躍したに違いない。

衣装はかなり異なるが、人類の至宝ボッティチェリの「プリマヴェーラ（春）」にも踊り子たちが登場する。おそらくこの作品は、15世紀の偉大な園芸一家フィレンツェのメディチ家の依頼によって制作されたもっとも有名な絵画だろう。踊っているのは「3人の女神」だが、私たちの目を引くのは、植物の刺繍が一面に施されたドレスをまとったフローラ（プリマヴェーラ）だろう。ボッティチェリは、たとえばこの絵が最初におさめられたカステッロ荘など、メディチ家のヴィラの庭にふんだんに植えられていた稀少な美しい植物を参考にすることもできたはずだ。しかし、フローラのドレスに描かれた、品種が特定されている200種類の植物は、そのほとんどがルネサンス期イタリアの牧草地や、もっと素朴な庭に生えていたものだった。牧草地には野生のナデシコも生えていたはずだが、フローラのドレスに縫い取られたカーネーションやナデシコは、当時の植物学の本を手本にしたものらしい。カーネーションとメディチ家のおかげで、神話と植物学と美術と刺繍がひとつに融合している。

アール・ヌーボーのポスター、アルフォンス・ミュシャ、「4つの花――カーネーション」（1898年）。

第8章　頭も心もすっきりと

父なるジュピターより授けられたるは
（私にこそふさわしい）心の帝国
その目を金色の姿で楽しませよう。
私は心の特効薬
タホ川も、ペルーの財宝も
汝の誇る土地は私のように心の嘆きを鎮めることはできない。
ジュピターが、黄金のショールをまとって降臨しようとも
私の花のような効き目はあるまい。
……
誰よりも気前よく、私はこの恵みを分け与えよう
おのれの心を喜ばせ、他人の心を癒やすために
ある花は薬効にすぐれ、ある花は芳しく、

またある花は美しい――しかしすべてにおいて抜きん出ているのはこの私である
――エイブラハム・カウリー、「ジュライ・フラワー」
『植物をめぐる6つの書物』（1668年）より

「衰弱、便秘、疫病、毒」――これらの不調を花が解消できるとは誰も思わないだろう。それにもかかわらず、これらすべての症状にカーネーションは勧められてきた。カーネーションを熱狂的に愛したポンソール男爵は、かつてこの花は死者を甦らせるために利用されていたとまで言っている。[1]ヨーロッパではルネサンス期に、カーネーションの花びらを浸した白ワインは（花びらの色が脱けるまで浸してから漉《こ》された）「疲れやすい体質の人に効く」神経強壮薬として飲まれていた。カーネーションには「解毒作用があり、伝染性の熱病にも効く」と言われていた。ドイツの薬草学者レオンハルト・フックスは、カーネーションの根は疫病に有効で、液汁は腎臓や膀胱の結石を溶かすと信じていた。麻酔ができる前は、たとえ尿管や尿道をふさぐ石に命を奪われなかったとしても、石を取り除く手術の痛みやショックで死んでしまうことがあったので、こういった特性はありがたがられた。フックスの言う疫病とは、当時ヨーロッパで流行していた腺ペストのことである。どんな花であれペストの治療効果は期待できないが、たとえ治療効果はなくとも一般的な精神安定作用はあっただろう。フックスは『植物誌』で、「これら［カーネーション］は、頭と心をとてもすっきりさせるので、家族向けのすぐれた気つけ薬になる。花の砂糖煮やシロップを定期的に摂取するとよい」と述べている。フランス人の作家A・カーはさらに、『私の庭めぐり *Voyage autour de mon*

ほかのハーブと一緒に乾燥させたカーネーションとバラ。

jardin』で、「ジリフラワーの蒸溜水はてんかんのすぐれた治療薬」であるばかりか「砂糖煮を作れば人類の命と喜びになる」と宣言している。[2] 薬剤師でもあったジョン・ジェラードも『植物史』(1597年)で、「ジリフラワーの蒸溜水は、てんかんの治療にすぐれた効果があるとされている。この花の砂糖煮はすぐれた強壮剤で、心を落ち着かせる作用がきわめて強いため折に触れて食べるとよい」と述べたうえで、これは人類の命であり喜びであるとつけ加えている。エイブラハム・カウリーが言うように、カーネーションは心に慰めと喜びをもたらしてくれる花だった。カウリーは、1668年に発表した6巻から成る『植物をめぐる6つの書物』の中で、チューリップと「エモニー(アネモネ)」よりもカーネーションを上位に置いている。

それより40年前の1629年、すでにそのときカーネーションとナデシコの目も眩むばかりの種類の多さに圧倒されていたジョン・パーキンソンは、『太陽の楽園、地上の楽園』で、白、オレンジ色、黄褐色や、フレーク、縞、斑紋入りなど、花の色や姿かたちを記録することにもっぱら専念しながらも、次のような結論を述べている。

わが国の薬局で医者たちにもっとも利用されているのは、赤もしくはクローブのジリフラワーで、それ以外はまったく受け入れられることも利用されることもない（ただし私はほかの花も、シロップに数滴注げば通常の赤いカーネーションほど効果はなくとも役に立つのではないかと考えている）。赤もしくはクローブのジリフラワーはまさしく強壮剤と考えられている。

それがなにに効く「強壮剤」だったのか、パーキンソンの本に具体的な記述はないが、ジェラードやカウリーの主張に従えば、万能の気つけ薬あるいは精神安定剤として用いられていたのだろうと察しがつく。カーネーションの癒やし効果は、ナデシコには（その芳香にもかかわらず）あまり期待できないと考えられていた。ジェラードは『植物史』の中で、「多くの人が、ジリフラワーに匹敵する効果があると考えているが……私たちにはほとんど役に立たない」、「ほとんど効果が期待できない花」として、ナデシコを退けている。もっと大きい近縁種のスイート・ウィリアムはさらに不面目な言葉を浴びせられた。パーキンソンは、これまで医者が使ったという話は聞いたことがないと述べているが、こうした意見は17世紀より前の書物では非常に珍しい。当時は、すべての花や植物には用途がある、そうでなければ神が創造された意味がないと考えられていた。パーキンソンの著作は、有用性よりも美しさのために花を賛美した最初の書物のひとつだったが、その後も長いあいだこうした考え方は異端扱いされた。17世紀中頃、占星術師にして薬草学者のニコラス・カルペパーは、前世紀のフックスに倣ってこう述べている。「カーネーションは……心も頭もとてもすっきりさせてくれる」このように心身ともに整えてくれる薬は、当時の社会に潜む最悪の危険に対する抵抗力を鍛えてくれた。カルペパーは自著『英語で書かれた療法 *The English Physician*』で次のように記している。「おもに人を病気にするのは以下の3種類の人間――司祭と医者と法律家――である。司祭は魂に属することがらで、医者は体に属することがらで、そして法律家は土地財産に属することがらで人を病気にする」と。さらに具体的に言うと、チューダー朝およびエリザベス朝時代の人々は、心と頭をすっきり健やかに保ち、疫病、結石、てんかんを予防するために、カーネーションの花びらを浸したバラ水の香料を髪につけていた。フランス人の医師で植物学者のジャン・リュエルは、花を酢に浸して「よい味と華やかな色」をつけることを勧めている。

その強い香りのために、フランスの哲学者ルネ・デカルト（1596～1650年）は、心と体の相互作用の性質に関する有名な理論の挿絵にカーネーションを利用した。「コギト・エルゴ・スム（われ思う、ゆえにわれあり）」という言葉で知られるデカルトは、反射作用の機械論的決定（すなわち因果関係）を説明しようと苦心していた。デカルトは、精神と肉体は脳の中の松果体と呼ばれる器官で情報をやりとりしているという仮説を立てた。松果体は魂の座す場所であり、同時に、体が経験した感覚（たとえば鼻から吸い込んだカーネーションの強烈な香り）が松果体に伝わってこれを振動させると情動が発生する、とデカルトは考えた。この心身二元論的説明は、肉体が精神にもたらす癒やしや慰めのプロセスにも応用できた。自分を含むすべては虚偽か否かと疑う意識作

このフランスの年代物の皿に描かれているように、詩人の詩的感情はナデシコやカーネーションに結びつけられた。

用が自分自身の存在証明になるか否か、まる一日熟考したあとでは、とくに癒やし効果はてきめんだっただろう。もっと単純な頭脳を持つ読者のために、デカルトの理論を図解した「五感」の銅版セットがある。その中に、腰をかがめてカーネーションを摘もうとしている庭師を描いたものがある。彼は本能的に癒やし効果を期待して、自分の鼻に花を近づけ、その香りを吸い込む。農作業用の鋤がいまにも手から落ちそうだ。おそらくジェラードが予言した鎮静効果が全身に染み渡ったのだろう。

　昔から園芸家たちは、カーネーションの花壇の雑草を抜く作業には心を穏やかにする働きがあると気づいていた。すでに1618年にはウィリアム・ローソンが、『田舎の主婦の庭』で、カーネーションを「オーナメントにふんだんに用いると、嗅覚を通じて精神が慰められる」と断言している。もっと単純なレベルで、アマチュア栽培家の養苗園主トーマス・ホッグは、心を慰め体に活力を与えてくれるものを求め、それを手に入れることに成功した。ホッグは、1822年に『栽培家の花 *Florists' Flowers*』第2版を出版したとき、すでにナデシコの栽培家として名声を確立していたが（154種類を超えるカーネーションとナデシコを特定した）、こんなことを言っている。「私は職業的な園芸家でも栽培家でもありません。私が花の栽培をはじめたのは、そもそも、沈みがちな心に気晴らしになることをし、病弱な体に活力を与えようと考えたからです」これらの目的がぶじ達成されたことは、鬱々とした気分を払いのけ、デカルトの哲学からすっかり足を洗って数々の美しい花を開発し、自分が愛した花についてすぐれた論文を著したことからあきらかだろう。

香りのよいナデシコは、数世紀前に日記作家で園芸家でもあるジョン・イーブリンが作成したパンフレットにも登場する。『フミフギウム――大気の不快さ、ならびにロンドンの煙の追放』（1661年）と題した画期的な小論文の中で、イーブリンは、それぞれ広さ30、40エーカーほどの小規模な庭園でロンドンの町を囲み、その庭に香りのよい植物、草木や花を植えれば、ロンドンの大気は浄化されかぐわしい香りを放つようになると提案している。これは、ロンドンの大気に含まれる悪臭と瘴気が、ペストを含むさまざまな疫病の温床になっていると考えられていた時代において、きわめて重要な考察だった（当時、ロンドンはペストの流行にたびたび苦しめられていた）。煙も、都市とその住人には有害であり、それを防ぐにはただひとつ、石炭の燃焼量を制限し、かつ芳香を放つ空き地を創設するよりほかにない、とイーブリンは主張する。ライラック、ローズマリー、ラベンダー、バラ、スイカズラ、ビャクシンを植え、これらの灌木のあいだに「ナデシコ、カーネーション、クローブ、ストック・ジリフラワー、サクラソウ、オーリキュラ、スミレを植えた

庭師が匂いを嗅いでいるカーネーションもしくはナデシコは、彼の「五感」の描写に用いられている。17世紀、ダフィット・テニールス（子）の連作「五感」を原画とする銅版画。

花壇と境栽を（そして余白も忘れずに）設ける。さらに、ちょっとでも踏んだり折ったりすれば、息を吐いて、魅力的な香りを放出するほかのハーブも植える。そうすれば遠く離れた場所もやさしい空気に包まれるだろう」と。

19世紀後半から20世紀のトイレタリー産業は、こうした産業革命前の時代に着目し、女性用の香水や石鹼に甘いクローブの香りを取り入れた。1940年代、ルクソール社はカーネーション石鹼とハンドローションを製造していた。一方、もっと上流階層向けのブーケ・レントリック・オ・パルファム・カーネーションという香水は、第一次、第二次世界大戦間に非常に人気があった。1930年代後半に作られたブーケ・レントリックの広告は、アールデコ調の雰囲気が漂う洗練された黒を基調としている。ブーケ・レントリックは「昼間の香水」として売り出されたが、もっと重厚なロジェ・ガレのウイエ・ブルーは、女としての魅力に自信があり、それを吹聴するのにやぶさかでない女性が愛用した香りとして有名だ。そのほかにカーネーションの香りをベースにした古典的な香水に、キャロン社のフルール・ド・ロカイユ（1934年の発売開始以来、80年たったいまも市場に流通している）とフローリス社のマルメゾンがある。もっとほのかな香りを楽しみたい人のために、カーネーションの香りのさまざまなオードトワレや石鹼が販売されている。カーネーションのタルカムパウダーもある。イギリスのJ・P・ウィリアムズは、20世紀初頭創業の花のタルカムパウダーとコールドクリームの専門店だ。J・P・ウィリアムズ社の製品が入っていた缶には、20世紀初頭らしい華美な装飾が施されていた。現代のカーネーション愛好家が購入できる香水は、コムデギャルソンの「シリーズ2レッド」ラインのカーネーション。コムデギャルソンの広

ディアンツス・カリオフィルス、薬草に関するウッドビルの本（1792年）より。

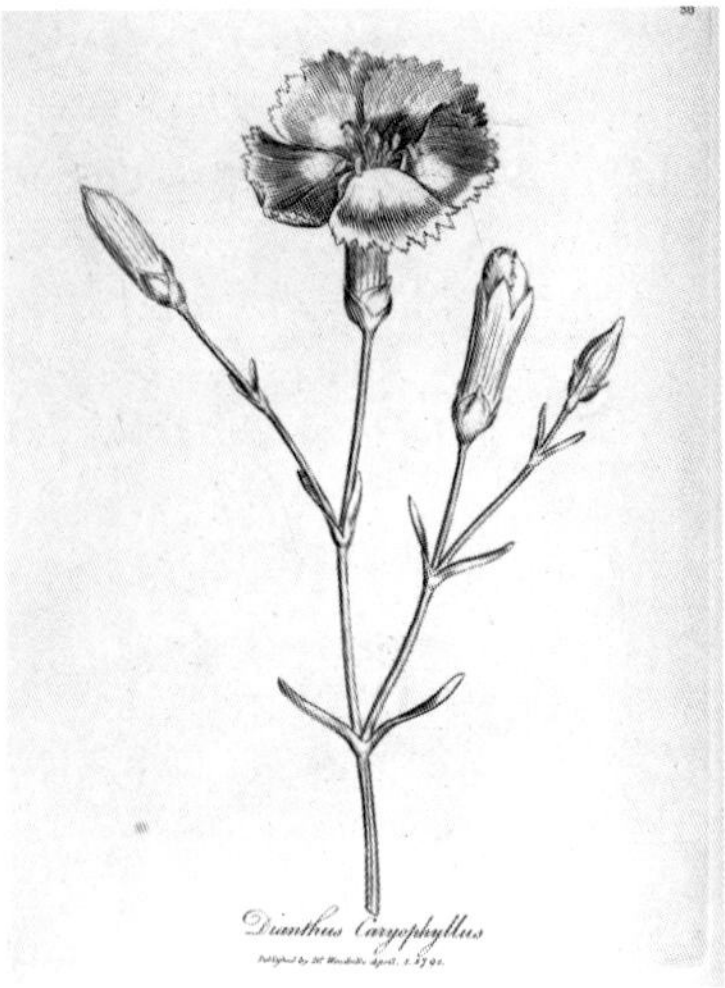

報によれば、ベースノートは、レッド・ペッパー、レッド・ローズ、クローブ、エジプシャン・ジャスミン、そしてまろやかなカーネーションの香り。香水のボトルはあざやかな赤。その刺激的な色使いに、世界中のカーネーション栽培家は歓喜するだろう。カーネーションの甘く濃厚な香りの源はオイゲノールという化合物で、コムデギャルソンよりもっと安価な香水には、たいていこの成分が入っている。コストを抑えて、カーネーションの香りのニュアンスを再現しようとする場合、クローブ、ブラック・ペッパー、イランイランを組み合わせたものを利用することもある。

最近まであざやかな赤いカーネーションを商標に使用していたのが、カーネーション・コーンキャップだ。カーネーション・コーンキャップは、きつかったり合わなかったりする硬い革靴のせいで昔はみんなの足にできた魚の目を保護し、治療するための柔らかいフェルトのリングだ。カーネーションは商

すべての園芸家と栽培家にとって理想的なディアンツスは、どんな状況でも心地よい香りを漂わせてくれる。

皮肉なことに、カーネーション・コーンキャップにカーネーションはいっさい入っていない。

標で、パッチの成分とはなんの関係もない。パッチには、硬くなった皮膚を柔らかくするサリチル酸が染みこませてあった。最近まで、サリチル酸とカーネーションは、魚の目用パッチの商標以外の関係はいっさいなかったが、最近の実験で、花瓶の水に少量の酸を加えると切り花の寿命が延びることが証明された。科学者たちが実験に使った花はカーネーションだった。

カーネーションやナデシコを薬として利用していた昔の処方箋には、多くの場合、「香りを吸入する」のではなく、「花を摂取する」と記されている。カーネーションの花は、治療薬であり珍味でもあった。中世には、カーネーションの花びらはもっと高価で外国から輸入しなくてはならなかったクローブの代用品だった。エリザベス朝時代は、飲み物をおいしくするために、香りの強い花をワインやエールに浸す習慣があった。現在、キャシー・ブラウンはベッドフォードシャー州スティービントンにあるマナーハウスの食用植物の庭で、香りの強い昔ながらのナデシコを育てている。たとえば「ミセス・シンキンズ」や「ドリス」、また「ホワットフィールド・カンカン」や「ベティ・ノートン」といった矮性の高山性ナデシコを育てて、砂糖、オイル、酢に香りづけをしている。サットンズ種苗店は、さまざまな色と模様の「ジャイアント・シャボー」という品種を種から育てて、その花びらをサラダに入れることを園芸家たちに勧めている。チューダー朝までさかのぼらずとも、19世紀でさえ、砂糖漬けにした花びらは、ケーキやメレンゲ菓子、アーモンドビスケットの飾りに用いられていた。食用の花びらは、頭花からそっと外され、スパイシーなクローブに似たほのかな香りを台無しにする、花びらの基部のえぐみのある白い「かかと」は取り除かれたのだろう。

珍しい色のカーネーションを味わってみたい、そんな方には「ブルーカーネーション」というカクテルがお勧めだ。カクテルのガイドブックによれば、美しい水色のこのカクテルは、ブライダルシャワーやベビーシャワー［結婚や出産を控えた女性をお祝いするパーティ］、各種歓送迎会にうってつけの飲み物なのだそうだ。ところが、正統なカーネーション・ファンにとっては残念なことに、このカクテルの材料は、クレーム・ド・カカオホワイト、ブルーキュラソー、そして生クリーム。カーネーションはいっさい入っていない。その名に恥じないよう、仕上げにカーネーションの花びらを一枚浮かべてみてはいかがだろうか。

意外にも、繊細な風味の食用カーネーションは、有名な「カーネーションミルク」のネーミングにいっさい関係していない。1899年、エルドリッジ・アモス・スチュアート（1856～

「シャボー」は観賞用としても食用としても育てることができる。

1944年）によって創設されたパシフィックコースト・コンデンスミルク社の使命は、冷蔵庫のない時代に、滅菌された安全な乳製品を消費者に提供することだった。1901年、スチュアートは会社のあたらしい名前をああでもないこうでもないと考えていた。そのときたまたま目に留まったのが、たばこ屋の店先に並んだ葉巻の箱、その名も「カーネーション」だった。カーネーションという名前のおかげで、スチュアートは頭韻を踏んだ有名なキャッチコピーを思いつくことができた。「満足《カンテッドカウ》した牛のミルクから生まれたカーネーションのコ（カ）ンデンスミルク」1930年代から40年代にかけて、戦争中さまざまな国で新鮮な牛乳が入手困難になった時代、カーネーションミルクの広告は、子供と母親の健康と活力を守るために、自分たちの果たしている役割がいかに重要かをアピールした。戦地から帰還した父親が、ほのかにあまいコンデンスミルクで作ったブラマンジェ（ミルクプリン）に大喜びする広告が「ウーマンズ・オウン」などアメリカやイギリスの雑誌のページいっぱいに掲載された。1985年、カーネーション社はネスレに買収されたが、商品名と、缶に描かれた可愛らしい赤と白のカーネーションの花束、そして付属のお勧めレシピはそのまま残された。とはいえ謎は残る。ネーミングの由来となった葉巻は、そもそもなぜ「カーネーション」だったのか。

伝統的な漢方薬にもカーネーションが入っているものは多い。ディアンツス・スペルブス *Dianthus superbus*（和名エゾカワラナデシコ）も——当然のことながら——ディアンツス・キネンシス *Dianthus chinensis*（和名セキチク）も重宝されている。ディアンツスから作られる瞿麦《くばく》には、花だけでなく茎も使用される。瞿麦は子宮の収縮と排尿作用を促す。熱性の有痛排尿症、おできや吹き出

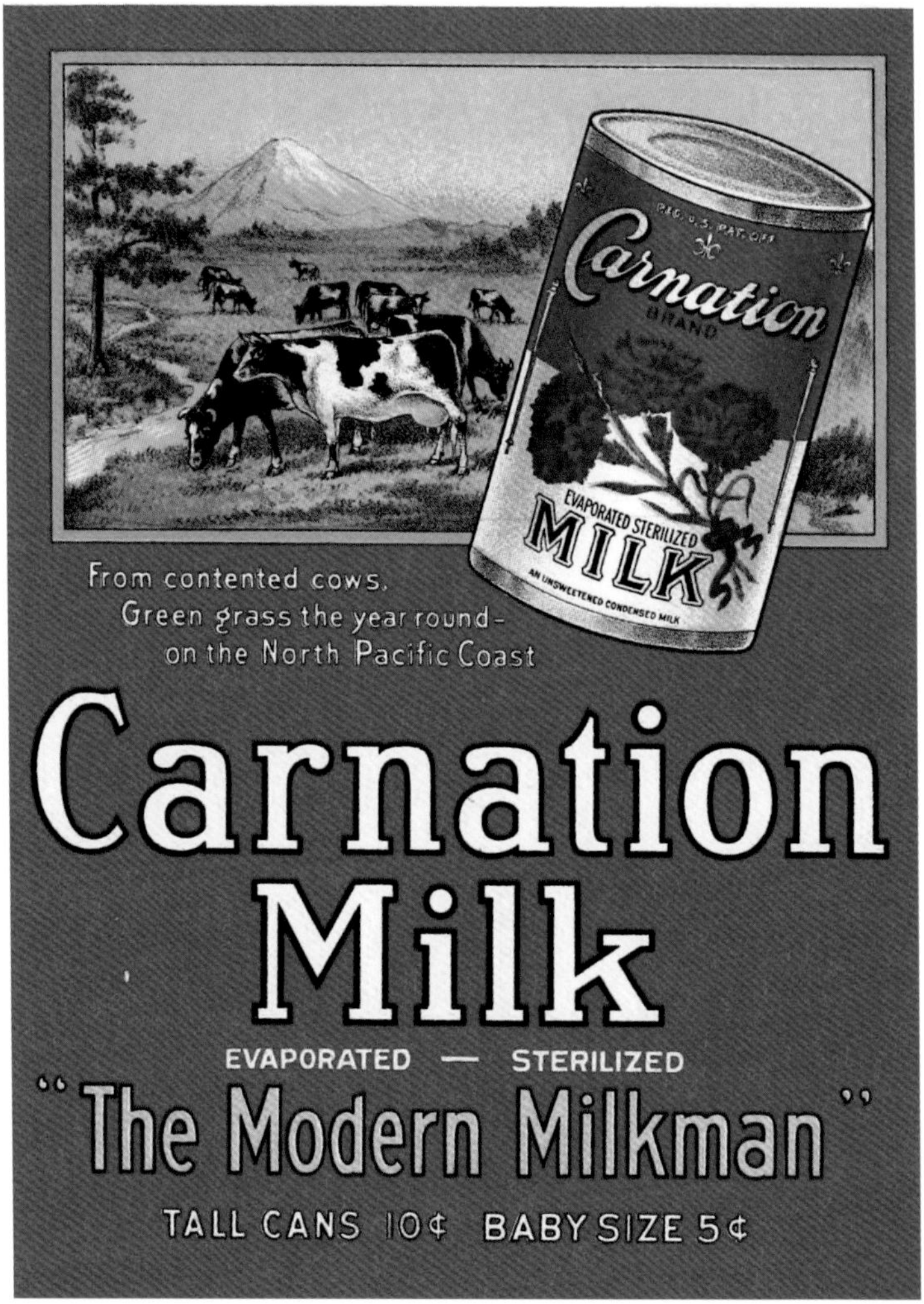

カーネーションミルクは、冷蔵庫がなかった時代、健康によく安全な乳製品の代替品だった。

物にも処方される。子宮を収縮させる作用があるため、妊娠中の女性には危険な薬だ。妊娠中の女性は、生であれ乾燥させたものであれ、経口摂取は避けなければならない。ただし気分を落ち着かせるために、香りを吸うぶんには問題ないと言われている。とくにディアンツス・キネンシスは、中国医学では「苦と寒」の気を有すると言われ、そのため伝統的に、膀胱、小腸、心臓の病気に処方されてきた。近年、食道癌や結腸癌の治療にも有効と主張する向きもあるが、根拠はない。中国では伝統的に、河北省、河南省、遼寧省、江蘇省で栽培と収穫が行なわれている。通常、夏から秋の開花期と結実期に収穫が行なわれる。収穫後は、花、葉、茎を天日にあてて乾燥させ、その後細かく刻んで粉末状にし、煎じ薬の成分としたり、食べ物に混ぜたりする。すべての伝統的な薬に言えることだが、植物がどのように作用しているのか、その化学成分のなにが効き、なにが効かないのかについてはいまも議論が続いている。古代中国でも、カーネーションのお茶は精神を落ち着かせ、気力と活力を増進する働きがあるとして非常に人気があった。中国のお茶には、カーネーションの花、花びら、根まで、植物をまるごと含んでいるものが多かった。筋肉の凝りにも効くとされていた。

21世紀になってもなお、薬《ドラッグ》との結びつきが――ただしこちらは医療用の薬ではない――カーネーションの最大の生産者たちに衝撃を与えている。1980年代、北米のコカインの供給元として有名になったコロンビアは、麻薬密輸の偽装工作に自国の花卉《かき》産業を利用した。密輸業者は木箱に入ったバラやカーネーションにドラッグを紛れ込ませた。圧倒的な花の香りに惑乱された麻薬犬は違法ドラッグを発見することができず、麻薬は国境検問所をすり抜けた。麻薬密輸業者は「ただ乗

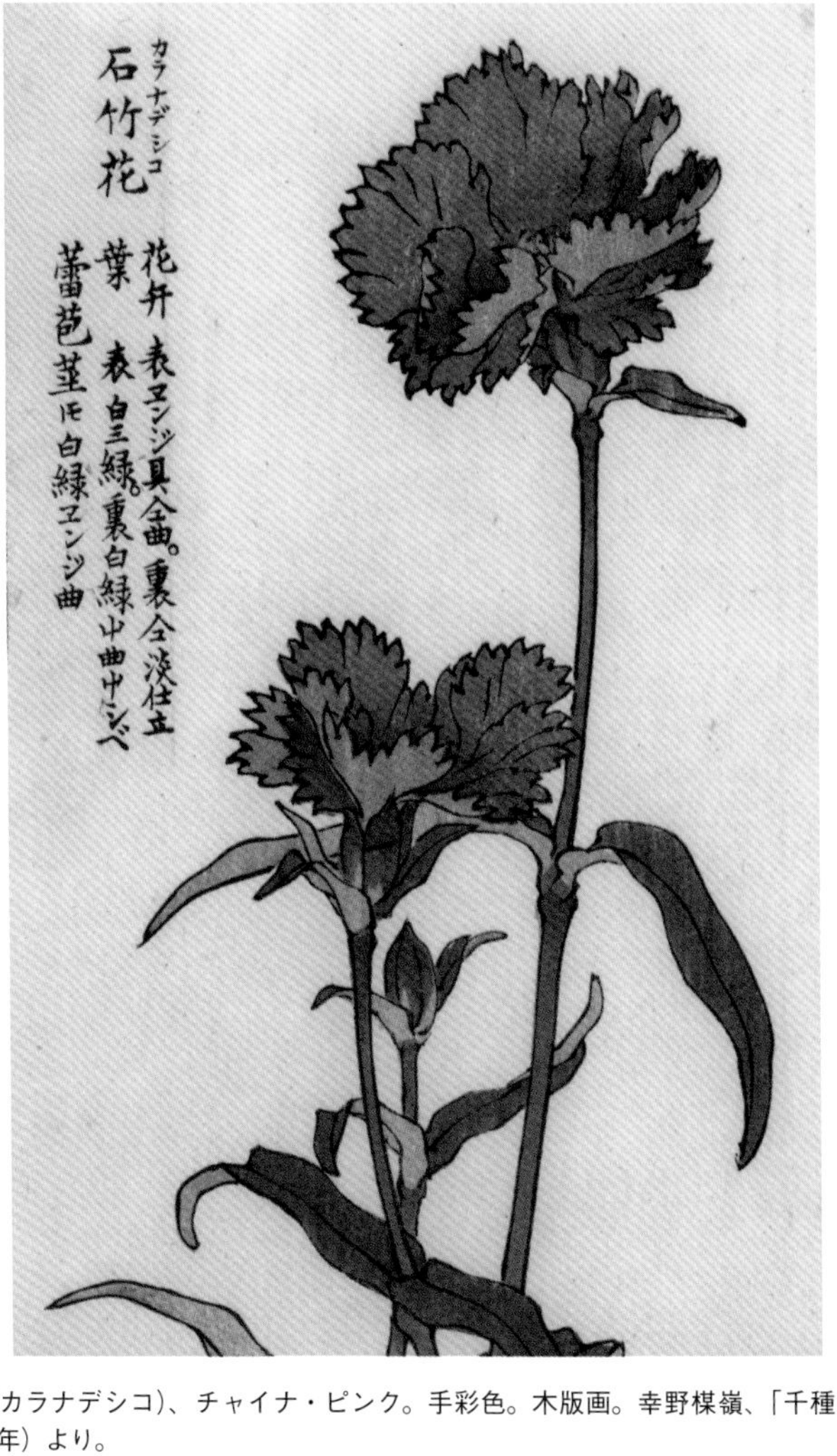

石竹（カラナデシコ）、チャイナ・ピンク。手彩色。木版画。幸野楳嶺、「千種之花」（1891年）より。

り」させてもらった報酬をたっぷり支払った。花の生産者にとってそれは助成金も同然だった。はからずもコロンビアの花卉産業は（あらゆる意味で）急成長した。コロンビアの二大都市、ボゴタとメデジン郊外の日の当たる高原で花畑は活況に沸き、それまで家族を食べさせるためにさんざん苦労してきた数十万の女性労働者に仕事を提供した。1994年、コロンビアの花の輸出量は世界全体の10分の1を占め、そのうち60パーセント（カーネーションの97パーセント）がアメリカ合衆国で販売された。コロンビアの栽培者たちのあいだで2番目に人気があったバラは1年間で1億ドルを売り上げ、5万人分の雇用を創出したと言われる。アメリカの花卉栽培者の生活を脅かしたと言われるコロンビアの花は、皮肉にも、マイアミ国際空港周辺地域に収入と雇用をもたらした。輸入された花を収容する温度調節可能な専用施設が建設されることになったからだ。1992年にはオーランド空港も先例に倣って実入りのよい貿易の恩恵を得た。2003年には、アメリカが1年間に輸入した主要な花は20億本、国内で栽培された花はわずか2億本だった。しかし、工業化と規制の強化によって、母の日のために購入したカーネーションの花束にコカインの包みが入っていた！などという心臓に悪い出来事は今後起きることはないだろう。

健康を導くというディアンツスについて、最後に、最高の健康状態や精神状態を断言するときに使われる「イン・ザ・ピンク in the pink」という慣用句について考察してみよう。とはいえ、このシンプルな慣用句の語源は思っている以上に複雑だ。多くの人が、この言葉は、健康的なピンク色の頬をした状態を指すと考えている。色の「ピンク」の語源は花のピンク（ナデシコ）だが、皮肉なことに、17世紀には、熟れた果実や乙女の頬のほんのりと赤みを帯びた色味を表す言葉は、ピンクではなく「カーネーション」だった。「ハンティング・ピンク」といって、狐狩りに着用される独特の赤もしくは朱色の上着に関係があるという人もいる。ところがさらに詳しく調べてみたところ、この言葉の語源はさらに古く、「at the "pinke"」（現代の「at the pinnacle（絶頂、頂点）」という言い回しに該当）に由来することがわかった。シェークスピアの『ロミオとジュリエット』（1597年）（松岡和子訳、ちくま文庫ほか）にも、マキューシオがロミオに向かって、俺は「礼節の鑑《かがみ》だから（the very pinke of courtesie）」と宣言する場面がある。18世紀初頭には『ケンジントン・ガーデンズ *Kensington Gardens*』という戯曲で、劇作家で俳優でもあったジョン・リー（1689頃〜1726年）がある登場人物の口を借りて「ひと目見て結婚するのは流行の最先端（the Pink of the Mode）、それどころか一度も顔を見ずに結婚する人もいる」と言っている。「ハンサム・リー」と呼ばれたジョン・リーは、台詞のような結婚向きの人種ではなかった。同時代の著述家W・R・チェトウッドは、『舞台の歴史 *A General History of the Stage*』で、彼（リー）に「そのような趣味があったら、女性の優美さを身につけていただろう」と断言している。もしリーが200年遅く生まれていたら、オスカー・ワイルドが愛した緑のカーネーションを胸につけていただろうか。19世紀になると、「イン・ザ・ピンク」は、頂点という意味でもどん底という意味でも広く用いられるようになっていた。1845年、小説家のチャールズ・ディケンズはある手紙の中で、「世界中すべての景勝地の中で私が大嫌いな町を挙げるなら、それはフォンディだ。あの町は醜悪と悲惨の極み（the very pink）だ」と語っている。イタリアの町フォンディ、そして、いついかなるときも、こうした悲惨な状況に置かれた人々の心をあかるく励ましてくれたけなげなディア

南米市場が台頭するまで、アメリカ合衆国南部にはどこまでも続くカーネーション畑が広がっていた。

ンツス、どちらに対してもいわれのない中傷だ。

現代のエッセンシャルオイルの実践家たちは、昔の本草書のおだやかな表現を現代風に改めた。いまやディアンツス・カリオフィルス（カーネーション）は、解毒剤、鎮痙剤（抗けいれん剤）、強心剤、発汗剤、神経鎮静剤と表記されているが、実際の効用は、精神をなだめたり高揚させたりするために処方されていたエリザベス朝時代と変わりはない。科学に取り憑かれた現代人好みの表現になっているだけだ。かぐわしい香りの精油は、通常は経口摂取するのではなく、精油の香りを嗅ぐ、薄めた精油を皮膚に塗布するなどして用いられる。数世紀前から実践されてきた方法だ。カーネーションのオイルも皮膚に塗布するのが一般的だ。繰り返しになるが、カーネーションのオイルにはリラックス効果があり、同時に肌の再生を促し、肌を柔軟にし、甘く、心を落ち着かせる残り香を与えると言われている。肌の炎症や発疹の治療にも使われている。

現在、エッセンシャルオイルの栽培業者はその多くが、

「礼儀正しさのきわみ、ナデシコと気取り屋のバラ *The Pink of Politeness and a Prim Rose*」(1821年)、風刺画。

ハーブや花を伝統的に活用してきたことで定評のあるフランスに拠点を置いている。500キログラムの頭花から抽出されるオイルはわずか100グラム。朝日を浴びて開花した3時間後に収穫するのが理想とされている。ただし、オイゲノール、イソオイゲノール、アセチルオイゲノールといった化合物も利用されている。黄色やオレンジ色の品種には香りがないので、業者は伝統的なピンクのナデシコやクローブ・カーネーションしか栽培していない。そういえばパーキンソンも400年ほど前にこれらの色の花について同じことを言っていた。頭花500キログラムを栽培して圧搾する忍耐力のない方は、ポプリにするのがお勧めだ。バラの代わりにシロップ漬けや、花びらの砂糖漬けを作るのもいいだろう。

心に安らぎをもたらすカーネーションの効用について話を終える前に、人々に健康をもたらす花の成長を脅かす輩《やから》たちについて触れておこう。それはウサギと野ウサギである（残念ながら、野ウサギが庭を訪れることは現代ではめったになくなった）。

薄明活動性の彼らは、田舎の庭に植えられた草花の中でなによりもディアンツスを好むと言われている。1840年、ルイーザ・ジョンソン（『どの女性にも心の中に庭師がいる *Every Lady Her own Flower Gardener*』の著者）は、ウサギたちにかじられないように、ナデシコの鉢を一段高い台のうえに置くとよいと言っている。ナデシコの周りに藁《わら》を敷きつめる、あるいは糸を張り巡らせておけば撃退できるとする本もあるが、ウサギがすでに満腹でもないかぎり効果があるとは思えない。ウサギと野ウサギに次ぐカーネーションの大敵はハサミムシだそうだ。地上に出ている苗をまるごと食べられてしまうことはめったにないが、栽培家たちにとってなにより大切な頭花に傷をつけてしまう。トーマス・ホッグは、スツールの上に大切な花の鉢を置き脚をそれぞれ水に浸しておけば、ハサミムシは手も足も出ないと言っている。いわば小型の水堀をめぐらす作戦である。この防塞を突破する強者に備えて「おとり」も仕掛けておく必要がある。カーネーションの周囲に、藁など居心地のよい素材を詰めた鉢や円錐形の容器をさかさまにして置いておく。ハサミムシやその他の虫はそこを第二のわが家と思うだろう。無礼にも（そしてあっという間もなく）たたき起こされたときには、鉢の中身は空けられ、住人たちは振り落とされて水の中だ。残酷なやり方に思えるかもしれないが、少なくとも彼らは最高に幸せな満ち足りた気分で昇天する。仮の住まいに漂うかぐわしいカーネーションの香りに包まれて、頭も心もすっきりさわやかな状態で。

第9章　海を渡るカーネーション

ここでは永遠の春が笑いの時間を導く
冬は夏の花の冠《リース》をかぶる
――サザビーズのバージル、「ボタニカル・マガジン」（1827年）
ウィリアム・カーティスによる引用

時は19世紀初頭、舞台はフランス、リヨンの小さな種苗店。登場人物はフランス人の園芸家セキチク（ディアンツス・キネンシス）、そしてあたらしく誕生したディアンツス・カリオフィルス。これは人類史上はじめて「永遠に（パーペチュアル）」花を咲かせ続けるカーネーション誕生の物語である。その花は、冬のあいだ中、両親のどちらよりも大きくて立派な花を「繰り返し咲かせ続ける（フランス語でルモンタン remontant）カーネーション」だった。しかしこの話には前日譚がある。1750年、フランス最南端に位置するオリウルという村で、「ウイエ・ド・マオン」が、晩春から9月まで花を咲かせ続けることに成功した。しかしさらに秋が深まると、花はそれ以上冒険するのをやめた。それから80年あまり事態にはなんの進展もなかったが、ついに運命の日、リヨンのラスム氏の種苗店で（かつてこの町は園芸の中心地だった）、ダルメという育種家が、「ウイエ・ド・マオン」と「ウイエ・ビズボン」を交配させて、長い夏から秋まで繰り返し花を咲かせる縞模様のカーネーションを作り出した。ダルメはさらに「グレナドン」や「サン・アントワーヌ」など、フランスの種苗店で人気のあらゆる品種との交配も行ない、濃いピンク色や赤い色の花もたっぷり作り出した。ついにこうしてフランスで、待望のルモンタン・カーネーションが誕生したのである。

とはいえ、栽培家や養苗家の常というもので、ひとたび念願を達成すれば、今度はそれを改良していくしかない。ラスム氏からバトンを引き継いだのは、同じくリヨンの種苗家仲間、シュミット氏だった。彼は数年を費やしてさらに幅広い色の品種を開発した。その中には「アルクアンシエル（虹）」や「エトワール・ポレール（北極星）」といった品種もあったが、1850年、疫病によって彼のコレクションは全滅した。疫病に対して花が脆弱だったのは、皮肉にも、完璧な花を作ろうと躍起になるあまり、シュミット氏その人があまりにもひんぱんに交配を行ない、土に肥料をやりすぎたかららしい。シュミット氏はコレクションが全滅してしまったことに絶望して、道半ばで脱落してしまったが、リヨンにはあとに続こうとする養苗家が掃いて捨てるほどいた。1866年、アルフォンス・アルゲティエールは挿し穂ではなく取り木による繁殖を行ない、あらゆる園芸家の夢の中でも最大の夢と称されるものをさらに進化させ、正真正銘の四季咲きカーネーション探求の旅は終わった、とあつかましくも宣言した。

花々の中でもっとも壮大華麗なマルメゾン・カーネーションを生み出したフランス人が、またし

エドワード朝時代に人気があったパーペチュアル・カーネーション、「クイーン・オブ・スペイン」。

ても、一年を通じて（少なくとも一年の大半を通じて）、見る者の心をあかるく励ましてくれるディアンツスを開発した。むろん、植物が栄養を蓄える暖かな夏が長く続き、花を騙して開花させておけるほど秋と冬が温暖な南フランスに住んでいれば有利には違いない。しかしそれでも、「永遠に《パーペチュアル》」花を咲かせ続けるには、正しい苗を手に入れるだけでは不充分で、正しい園芸学的技術を実践する必要があった。新種のルモンタン・カーネーションはつきっきりで世話を焼いてやらなければいけなかった。春から初夏にかけて、新芽の成長を促すために、背が高くなりすぎたり伸びすぎたりした枝はすべて切り戻す。すると新芽が夏の終わりのあいだに成長して、秋から冬にかけて次々と花を咲かせる。ルモンタン・カーネーションには、根を伸ばす広々とした土地が必要で、成長が止まったり枯れたりしないように温度と湿度にたえず気を配らなくてはならない。この花はやたらと気を揉ませる宝くじのようなものだった。しかしリヨンの勤勉な種苗家たちは降参しなかった。そして１８８０年代には採算が見込めるようになってきた。

勤勉な園芸家のダルメが最初のルモンタン（とほぼ呼べる）カーネーションを生み出してから数十年が過ぎた頃、イギリスとアメリカでも競争がはじまろうとしていた。独自に見つかったのか、それともリヨンの種苗家が自分たちが開発した新種をうっかり漏らしてしまったのか、フランスとほぼ同時期にイギリスでも、冬に入ってからも深紅の花を咲かせ続けるカーネーションが目撃されている。１８６１年12月の「ガーデナーズ・クロニクル」という園芸誌に、「40年ほど前に、ツリー・カーネーションの最初の品種が（花の色は深紅だった）わが国の庭に進出してきたらしい」という記述がある。「ガーデナーズ・クロニクル」の筆者が正しければ（そして、本職の園芸家を対

パーペチュアル・カーネーションが描かれたシガレットカード。まるでアール・ヌーボーの絵画のようだ。

象にしたこの権威ある雑誌に書かれていることはたいてい正しい)、ツリー・カーネーションは、フランスで開発されたのとほぼ同時期にイギリスに出現したことになる。この記事には続きがあり、この最初のツリー・カーネーションは、「先見の明のある、さる栽培家の知識に裏打ちされた技術」によってもたらされたが、不思議なことにその後行方がわからなくなったとある(おそらくフランスから輸入されたはぐれ者だったことを匂わせているのだろう)。ベルギーの栽培家たちから輸入された苗も同じように消えてしまった、と記事にはある。一気に潮目が変わったのは1860年のことだった。イギリス王立園芸協会がツリー・カーネーションの存在を認めて特別殊勲賞を贈ると、翌1861年には、イギリスで80あまりの栽培変種が認知された。「ガーデナーズ・クロニクル」によれば、これらの「永遠に花を咲かせ続ける」、すなわちツリー・カーネーションはおもに室内装飾用の鉢植えか、上流階級の冬の花束の花として重宝された。

19世紀中頃にはじめて存在が認められてから20世紀まで、こうした「永遠に」花を咲かせ続けるカーネーションを手に入れることができたのは、裕福で献身的な人たちだけだった。観賞して楽しむことができるほどたくさんの苗木を入手するには莫大な費用がかかったうえに、大量の花の世話をする園芸家も相応の人数を雇わなくてはならなかった。「ガーデナーズ・クロニクル」によれば、カーネーションに機嫌良く確実に花を咲かせてもらうには、おもなものだけで以下の作業が必要だった。先のシーズンの終わりに、花が終わったあとの古い茎をただちにすべて切り払い、乾燥した涼しい保管所(ガラスで覆われた小さな建物など)に苗を移して空気と日光に充分さらす(ただし霜にあたらないように注意する)。春になり苗が成長しはじめたら、別の鉢に植え替えて追肥する。

春が終わりに近づき霜の危険がなくなったら、光をあてて乾燥させた腐葉土と牛糞肥料を混ぜて細かく粉砕した深さ50センチほどの乾いた土の上に夏用の花壇を準備し、そちらに植える。季節外れの霜や大雨に備えて、苗をすっぽり覆うことができる携帯用のガラスカバーも近くに用意しておく。大雨があがったら、すぐに周囲の土を「かき混ぜて」から覆いを外し、排水を促す。

9月になったら、夏の花壇から鉢に植え替えて2、3週間、温室か保管所に置く。この場合も日中の日差しに備えて日除けや風除けで保護する。水やりはちょっとずつ、つねに慎重に行なう。

秋が深まる頃、摂氏10度から15度に保たれた温室にときおり足を運び、花芽が膨らんでいるかどうかチェックする。

秋の終わりか冬のはじめには、苗は2種類に分かれている。花を次々と咲かせてこの複雑な栽培儀式に報いてくれるもの。そして残念ながら、みごとな花を咲かせて主人を喜ばせてくれるまであと1年、この行ったり来たりの生活を繰り返さなくてはならないものとに。

最終的に、冬のはじめからなかばにかけて、この時を待ち望んできた園芸家と来客はうっとりする美しい花の眺めによって報われたことだろう。そして、その後も注意深く手入れを続けて、新芽や花芽を摘心すれば、冬の残りから春まで、カーネーションは花を咲かせ続けただろう。冬のあいだ中、美しい花が次々と咲き続ける確率を増やすために、苗の栽培時期を少しずつずらすことが推奨されている（あくまで1861年の情報)。そんなことをすればますます費用がかさんだはずだ。

以上は、「ガーデナーズ・クロニクル」が推奨する方法を要約したあらましに過ぎない。寒く陰鬱な冬の日に、パーペチュアル・カーネーションがみごとな花を次々と咲かせて、それまでの期間に費やした厖大な労力と費用にたっぷりと報いてくれたことを祈るばかりだ。

「ツリー・カーネーション」には、すでに開発の初期段階からさまざまな種類の色があったことは間違いない。その中には、もっとあとの時代に開発されたとよく言われるものもあるが、調査の結果、実際に19世紀から存在していたことがあきらかになっている。単色は、深紅、緋色、白色、黄色。ツートンカラーは、白地に、深紅、緋色、紫色の縞が入っているものが一般的で、17世紀から18世紀の栽培家たちが育てていた古い「ビザール」のように、2色以上の模様が入っているものもあった。「ツリー・ピコチー」――花弁の縁の色が地の色と異なる花――の色彩はさらに豊かで、淡黄色、黄色、橙黄色、淡黄褐色、薄青鼠色の地に、縁の色がライラック色、バラ色、緋色のものがあった。数は少ないながらも、カーネーションとピコチーの境界線を大胆にも越えた品種もあった。「ガーデナーズ・クロニクル」によれば、「このような背信行為は言語道断とはいえ、これらの花が備えているその他の美点を考慮すれば、花の批評家たちも大目に見るだろう」とある。

「ガーデナーズ・クロニクル」が、イギリスにおけるツリー・カーネーションの登場、紛失、再発見について報じていた頃（ややこしいことに、イギリスでは当初パーペチュアル・カーネーションは「ツリー・カーネーション」と呼ばれていた）、この花は、大西洋の対岸に勢力を拡大しようと奔走していた。ぱっと目を引く「永遠の花」は、大きくてけばけばしいものが大好きな新興国の人々を魅了した。この国でも、ルモンタン・カーネーションの第一波を起こしたのはフランス人だった。1852年、ニューヨーク近郊に住むチャールズ・マークというフランス人の園芸愛好家が、ルモンタン・カーネーションをフランスから直接輸入して趣味として育てていた。近隣のアメリカ人たちはチャールズを妬んで、秘密主義だと非難した。花の愛好家が、自分が育てた美しい花を秘密にしておくはずはないので、彼が厳重に守っていたのは花そのものの知識ではなく親株の方だろう。わずか数年後の1856年、ロングアイランドのフラットブッシュで種苗店を営んでいたツェラー・ダイユドゥーズとガーデ・ダイユドゥーズがリヨンからルモンタン・カーネーションの苗木を輸入した。こうしてついにチャールズ・マークの仲間たちも、自分で苗を購入してチャールズと対等に勝負できるようになった。2年後、立地も店の名前もさえないフラットブッシュ種苗店は、フランスからの輸入に頼るのではなく、自分たちで交雑育種した苗木の販売をはじめた。新種の親になったのは、皮肉にも「ラ・ピュリテ［混じりけがないという意味］」という名前の花だった。1869年、フラットブッシュ店のカタログには54品種のパーペチュアル・カーネーションが掲載されていた。1870年代に入ると競争は激しくなった。ロングアイランドのアストリアに住むドナティ氏（彼もフランス人だった）が紹介した「ヴィクトル・エマニュエル」という黄色い地の品種が、アメリカの園芸界に旋風を巻き起こした。フラットブッシュ種苗店はその後つぶれてしまったのかもしれない。1950年代、当時市場に流通していたほとんどのパーペチュアル・カーネーションの祖先は「ヴィクトル・エマニュエル」ということになる。

フランスとのつながりがなくても、パーペチュアル・カーネーションが手に入るようになると、アメリカの育種家たちはみずから新種の開発に乗り出した。1890年代末、ニューヨーク州とマサチューセッツ州はカーネーション狂騒の中心地だった。その熱気は、17世紀オランダの「チューリップ狂騒」に匹敵すると言われたが、経済的基盤はずっと安定していた。19世紀末、マサチューセッツ州東部には65人のカーネーション栽培家がおり、そのうち53人は、当時「世界のカーネーションの中心」と呼ばれたチュークスベリという町に住んでいた。チュークスベリでは、毎年、アメリカ・カーネーション協会による「新種の日」が開催された。数百種類の新種が登録されるそのイベントには、養苗園主や出品者がはるばるカリフォルニアからもやってきた。ニューヨーク州クイーンズのジョン・ソープ氏は、初期の出品者のひとりで、彼が携えてきた品種はひときわ大きな花を咲かせた。ソープ氏の「ポルティア」は――本人によれば――丈は60センチほど、花の大きさは直径10センチを超えたという。公平に言って少々不格好な花だったに違いない。「ポルティア」は例外だったらしく、ソープ氏は自分が開発したほかの品種には、「ミスター・B・K・ブリス」、「ジェームズ・Y・マークランド」、「チャールズ・ヘンダーソン」、「E・G・ヒル」といったじつに味も素っ気もない名前をつけている。「ヒル」は、インディアナ州リッチモンドを拠点とするカーネーションの育種家仲間の苗字だった。いったい誰が、そそくさと商談を済ませ、名刺を置いて立ち去るセールスマンのように、イニシャルしか名乗らない花に恋するというのか。ジョン・ソープは、そのネーミングセンスから想像されるほど冷淡な人間ではなかったらしい。W・P・シモンズ氏という従業員が、自分の種苗店を立ち上げるために退職するにあたって、自分が開発した株の苗木を気前よくプレゼントしている。そのおかげでシモンズは、「夜明け（デイブレイク）」、「潮汐波（タイダル・ウェーブ）」、「シルバー・スプレー」など、それほど無味乾燥ではない名前の品種を育てることができた。「夜明け」はその後、アメリカにおけるカーネーション育種栽培の先覚者のひとり、ピーター・フィッシャー氏の花台にたどり着いた。偉大なイギリス人カーネーション育種家、モンタギュー・オールウッドの言葉を借りるなら、フィッシャー氏は「全カーネーション界を驚愕させた」。彼は「夜明け」と「ヴァン・ルーウェン」を交配させて、正真正銘一年中花を咲かせ続ける最初のカーネーションを開発したのである。サクランボ色をした、花弁の縁がギザギザのその花は、直径が9センチもあった。「正直ピーター」とみんなから呼ばれていたフィッシャーは、大昔の、のろまで秘密主義のリヨンの養苗家たちのように、このすばらしい新種を丹精するあまりいつまでも店にしまい込んでおくべきではないと考えた。そこでいかにもアメリカ人らしく、華々しく宣伝して競売にかけ、最高入札者に売り渡すことにした。しかしそれには、自分はあまりに正直すぎるとおそれをなしたフィッシャーは、ただちにボストンのガルビン氏なる人物を雇い、販売と宣伝の代理人になってもらった。

最初に入札を申し出たのは、シカゴの億万長者ハーロー・N・ヒッギンボトムだった。花と、花に「ヒッギンボトム」と命名する権利と引き換えに、彼がもちかけた買値はたった6000ドルだった。冷静に考えて、それは今後世界中に広まるカーネーションにふさわしい名前ではなかったのだろう。ガルビン氏はなにかしら理由をつけて申し出を断った。次に名乗りをあげたのはニューヨークの栽培家で、彼が申し出た金額は1万5000ドルだったが、「正直ピーター」と代理人はもっと高値がつくだろうと踏んだ。結局、1899年1月、ガルビン氏はマスコミに、ピーター・フィッシャーの新種のカーネーションは、アメリカの銅業界の大物、実業家のトーマス・ウィリアム・ローソン（1857～1925年）に3万ドルで売却したと発表した。ローソンがマサチューセッツ州に所有していた夢のような「ドリームワールド」という邸宅は、株式市場を操作して儲けた金で購入されたものだった。ローソンはさっそくこの品種を、妻にちなんで「ミセス・T・W・ローソン」と命名し、今後この花はボストン市内の公園以外は門外不出とすると宣言した。ボストン市が独占することは、花の売却条件のひとつだった。

この花を「ミセス・T・W・ローソン」と命名したのはロマンチックな動機からかもしれないが、今後10年から15年間花を独占することにしたのは、鋭い商才が働いたからだろう。花を1ダース育てるごとに2ドルの利益が見込まれた。そして、毎日50ダースの花が栽培される予定だった。1898年初頭にほんの数株しかなかった苗は、1899年初頭には8000株になっていた。苗木はすべてローソン氏の所有物だったが、当時も専門家として、愛情深く世話をしていたのは代理人のガルビン氏だった。「ミセス・T・W・ローソン」は流行した――すべての栽培家、すべての園芸家、そしてコサージュを胸につけるすべてのご婦人方がこの花を求め、利益が文字通り大きく花開いた。ボストン市が独占することになっていたにもかかわらず、ローソンは勝手にその苗をドリームワールドの花壇に植えた。この庭には「ドロシー・パーキンス」というバラも植えられていた。「ドロシー・パーキンス」は、少々風変わりな鳩舎、屋根のあるドイツ風の塔を模した人目を引く給水塔（時計と鐘までついていて、地元の人たちからローソン・タワーと呼ばれていた）と一緒に、ドリームワールドの絵葉書におさまっている。丈夫なピンクのカーネーションは、繊細なフリルをたっぷりまとったしとやかな「ドロシー・パーキンス」とお似合いだっただろう。「ドロシー」は、1901年、チャールズ・パーキンスというアメリカ人のバラの育種家が孫娘にちなんでつけた名前だ。たおやかな花と愛嬌のある名前から、1960年代から70年代にかけて流行したアパレ

ボストンのローソン種苗店が発行したこのカタログは、パーペチュアル・カーネーションの人気がうなぎのぼりだった時代のもの。

ルメーカーのブランド名にもなった。「ミセス・T・W・ローソン」は、花は美しかったがブランド名に採用されることはなかった。

トーマス・ウィリアム・ローソンの物語は悲惨な結末を迎える。呪われた13日の金曜日、ローソンが投資した商船が沈没し、同時にローソンの命運も尽きた。沈没した船の名も「トーマス・W・ローソン」といった。船は、1907年12月14日土曜日、グリニッジ平均時午前2時30分（ただしローソンのいるボストンではまだ13日の金曜日だった）、イギリス南西部の沖合に位置するシリー諸島沖で難破した。夢は消え、ドリームワールドは売却された。ローソン夫人は（本名はジーニーといったが、昔の良妻のならいで夫のT・Wというイニシャルを名乗っていた）1906年に亡くなっていたが、その名を冠したカーネーションは、アパレルブランド同様その道では有名な、自分の「帝国」作りに取りかかった。しかしそれには助けが必要だった。それではふたたび、「ミセス・T・W・ローソン」が最初に発表された年に話を戻そう。

その年、アメリカ・カーネーション協会が主催するシカゴでの展示会で、サンフランシスコの育種家ジョン・H・シーバースが、「ハナ・ホバート」と名づけた新種の花を発表した。カーネーション協会がこれまで見たこともないほど「大きくて美しい花」を咲かせていたと記されている。「ハナ・ホバート」の頭花は直径約11・5センチ。これに対して、ライバルの「ミセス・T・W・ローソン」の頭花の直径はわずか9センチだった。そして、そう、カーネーションの世界では大きさが物を言うのである。問題は、サンフランシスコからシカゴまでひどく遠いということだった。シーバース氏はシカゴの展示会場に、規定どおり50本の成熟した花を送ることができず、選り抜きの花

T・W・ローソンの邸宅があったドリームワールドと彼のカーネーション。

を少しばかり示してカーネーション協会の審査員たちの期待をかきたてることしかできなかった。ところが協会のある幹事が、シーバース氏の許可を得て挿し穂を手に入れ、「サンフランシスコ・コール」紙の言葉によれば、「東の果て」にある自分の庭で「ハナ・ホバート」を栽培することにした。その幹事は、1899年春にフィラデルフィアで開催される展示会にその花を出品して優勝をさらうつもりだったのだ。しかしその展示会に彼の苗の出る幕はなかった。同紙が、「ミセス・T・W・ローソン」対「ハナ・ホバート」のカーネーション対決を予告すると、戦いはさながらセレブ対決のような展開になった。以下は「パシフィック・ルーラル・プレス」紙の報道による。ローソン氏が、「1900年2月1日より前に、『ミセス・T・W・ローソン』と正々堂々勝負して勝利できる花は現われるまい」と言って5000ドルを賭けた。するとシーバース氏がにわかに行動に出た。カリフォルニアの種苗店からフィラデルフィアの展示会場に、50本の花が至急便で直接送られてきた。花は1輪ずつガラスの管に入っていて、その管はさらに錫《すず》のケースにおさまっていた。ガラス管にはカリフォルニアの水が入れられ厳重な注意書きが添えられていた。カーネーションには東部の水が合わないかもしれないため、輸送中の水の交換は控えられたいというのである。こうして「ハナ・ホバート」は100点満点中86点を獲得し、「ミセス・T・W・ローソン」は次点だった）。記事の言葉どおり、それは正真正銘カリフォルニアのカーネーションだった。残念ながら、ローソン氏が約束どおりシーバース氏に5000ドルを支払ったかどうかは不明だ。

「ミセス・T・W・ローソン」をさっさと売りに出した「正直ピーター」と違って、シーバース氏は優勝した「ハナ・ホバート」を市場に売り出そうとしなかった。新聞記者に、「ミセス・T・W・ローソン」についた3万ドルなら売りに出しますかと問い詰められても首を縦に振らなかった。じつはシーバース氏には、代わりに売りたいと思っているカーネーションがあった。それは「エセル・クロッカー」という、少々さえない名前の花だった。エセル・クロッカー本人は、フランス印象派絵画やクラシック音楽をカリフォルニアに普及させた芸術の裕福なパトロンで、夫のウィリアム・クロッカーは、クロッカー・ナショナル銀行の頭取で著名な共和党員だった。シーバース氏によれば、エセルという名のカーネーションには、彼が求めている3万ドル以上の価値があった。いまや栽培種の開発は新聞を読む大衆の関心事だったので、シーバース氏は、「サンフランシスコ・コール」の記者たちに、カーネーションの品種改良に関する長大な講義をした。結婚や離婚のアナロジーを使って、葯《やく》を外して別の花の花粉を挿入する方法や、近親間の交配によって退化が生じることを

アメリカの温室で商業的に栽培されるパーペチュアル・カーネーション。

説明した。新聞記者たちのために、自分のコレクションから完璧なモーブ（藤色）のカーネーションをどうやって作り出すかを説明しながら、モーブの花が生まれる確率がいかに低く、次の世代に期待を寄せる栽培家がどれだけ報われないものであるかを説いて聞かせた。それから数十年、完璧なモーブのカーネーションが誕生したという話は聞かれず、彼の予言は現実となった。とはいえ、すぐれた結実能力、非の打ちどころのない濃いピンクの色と香り、そして強い頭花を持つ「ハナ・ホバート」は理想の花嫁候補だった。その頃には、17、18世紀の人々を惑わせた宗教上の疑念やためらいはあとかたもなく消え、異なる品種や栽培種の開発は、異花受粉によるものであれ選択によるものであれ、養苗家の高度な技術の証《あかし》とみなされるようになっていた。植物に性生活があるのは当然で、20世紀中頃にはある育種家が、不出来な栽培種を「種つけに不向き」と言うまでになった。期せずして、カーネーションにあらたな肉体のイメージが付け加えられた。

フランスからイギリスとアメリカにやってきたパーペチュアル・カーネーションは、そのややこしい歴史によれば、今度はアメリカからイギリスに渡った。イギリスで最初に何度か失敗したあと、1861年に「ガーデナーズ・クロニクル」がパーペチュアル・カーネーションを熱心に取り上げているのは、この花が、改良を目的として幅広い層に受け入れられつつあったことの反映だろう。それどころか多くの品種は、伝統的なイギリスのボーダー・カーネーションと結婚させられて遺伝的に退化し、パーペチュアルでもなければ、ツリー・カーネーションのあるべき形を持つでもない花を産んだ。例外は「ミス・ジョリッフ」と「ウィンター・チアー」で、このふたつは最良のアメリカの栽培種の誕生に貢献したと言われた。じつにこのふたつの品種から、現在のカーネーションの家系がはじまった。ボストンに監禁されていた「ミセス・T・W・ローソン」は、ローソン氏の死によって解放され、イギリスに鳴り物入りで輸入された。ところが王立園芸協会はたちどころにこの花を退けた。もじゃもじゃのだらしない花とギザギザの縁は認知するに値しないというのが理由だった。イギリスのカーネーションの育種家にとっては、すっきり整っていることが至上命題だった。たとえ大きさ、花の数、香りの点で劣っていても、花弁の縁は丸くなければならない。アメリカでは大きさがものを言うのかもしれないが、イギリスでは、すっきり整っていることが重要なのだ、と彼らはおごそかに宣言した。反対に、イギリスのパーペチュアルの「ミス・ジョリッフ」も、アメリカにはじめて到着したときは花の小ささが災いして、冷ややかな受け止め方をされた。

この段階で(20世紀初頭)、状況はかなり混乱してきて、カーネーションの世界でまぎれもない近親相姦が行なわれた。アメリカのパーペチュアル・カーネーションの開発に貢献したフランスとイギリスの栽培種が、ヨーロッパに帰ってきてふたたび自分自身と交配されることになった。もっとも注目されるは、「ミセス・T・W・ローソン」と、イギリスの栽培種「ウィンター・チアー」の交配だろう。「ウィンター・チアー」もフランスのルモンタン・カーネーションの末裔なので、なんらかの形で「ミセス・T・W・ローソン」と共通する遺伝子を持っていた可能性はきわめて高い。こうして生まれた品種のひとつが、愛国主義的かつ通俗的な名前を持つ「ブリタニア」だった。ブリタニアは、名前から期待されるような、赤、白、青のカーネーションではなく、さえないくすんだ銀色がかったピンク色の花だ。フランス、イギリス、アメリカの最高峰を成すカーネーションの要素がひとつになった品種で、ディアンツスの生まれ故郷である中央および南ヨーロッパの要素もいくらか入っていたはずだ。皮肉なことに「ブリタニア」は、もっとも人気のある伝統的なイギリスのカーネーション、「ウィベルスフィールド・ホワイト」の開発に重要な役割を果たした。それではここでオールウッド兄弟に登場いただくとしよう。

モンタギュー、ジョージ、エドワードのオールウッド三兄弟のおかげで、サウスダウンズの北端に位置する小さな村ウィベルスフィールドは、イギリス最大のカーネーションとナデシコの種苗店の拠点となった。種苗店には大勢の従業員がいた（最盛期には200人以上が働いていた）。そのため種苗店が閉まる暮れ方には、母親が通りにいる子供たちに、帰宅の途につく従業員たちの大量の自転車に轢《ひ》かれてはたいへんと家に入るよう呼びかけた。店から飛び出したのは自転車だけではなかった。次々と新種のカーネーションが発表されて賞を受け、アメリカの「パーペチュアル」の独壇場に待ったをかけた。オールウッド三兄弟は、イギリス東部リンカーンシャー州にあるルドフォードという村の農家の生まれだった。ジョージはアメリカでカーネーションの栽培と販売に従事し、最新の技術と最新の温室のデザイン、そしてもちろん、開発されたばかりのアメリカの「ツリー・カーネーション」の系統を含む最新の栽培種や品種の知識を仕入れた。園芸家で植物に関する知識も豊富なモンタギュー（1880〜1958年）は、イギリスの大規模なカーネーションの店で、役立たずの小僧から勤勉な平社員になっていた。エドワードが園芸や植物と関係のない醸造業で稼いだ金で、3人の兄弟は種苗店を立ち上げた。店にとって予想外のヒットだったのは、庭師のモンタギューだった。彼は天性のショーマンにして優秀なセールスマンだった。

三兄弟が地元のリンカーンシャー州ではなくサセックス州の土地を購入したのは、日光の質も日の長さもこちらの方が恵まれていたからだ（パーペチュアル・カーネーションの栽培にはきわめて重要だ）。そのうえ農業にあまり適していないために土地が安かった。1910年、オールウッド兄弟は自分たちの店を開業した。彼らは4エーカーの農地を344ポンドで購入し、全長15メートルの温室を建て、アメリカで開発された切り花用のツリー・カーネーションの栽培をはじめた。1912年、彼らは、チェルシー王立病院の国際園芸展示会に自分たちの花を出品し（のちに王立園芸協会の管轄となる。現在はチェルシー・フラワー・ショーとして知られる）、1914年に第一次世界大戦がはじまったにもかかわらず、1915年にはイギリス全土に花束やボタンホール用のカーネーションを配送する郵便サービスをはじめていた。モンタギューはたちまち店の看板となり、フラワーショーや展示会の名物キャラクターになった。毎年、彼は女王にはカーネーションの小さな花束、王室の男性たちにはボタンホール用のカーネーションを贈るようになる。それは花だ

オールウッド兄弟。ジョージとモンタギュー。サセックス州ウィベルスフィールドの自宅コテージの庭にて、1949年。

けでなく、オールウッド種苗店がはじめた花の郵送サービスの宣伝にもなった。ある年、チェルシーの展示会で、重い帆布の天幕に光を遮られ、オールウッド種苗店が出品したカーネーションから香りがすっかり消えてしまったとき、店の従業員たちは、薄れてしまった花の香りを補うために、カーネーションをベースにした香水を身につけるよう指示された。

永遠に花を咲かせ続けるツリー・カーネーションを開発して、その分野でアメリカ人をやっつけてやろうという思いで種苗店を立ち上げた三兄弟だったが、店が商業的な大成功をおさめるきっかけとなったのは、第一次世界大戦直後に開発された「オールウッディ」という境栽用のナデシコだった。古風な園芸用ナデシコと、パーペチュアル・カーネーションを異種交配させて生まれたDianthus × Allwoodii は――9年間におよぶ試行錯誤の成果だった――境栽用の植物に必要なすべてを備えていた。耐寒性があり、花の開花期間が長く、コンパクトで、多くの場合香りが強く、小ぶりな切り花にもぴったり。水はけさえよければ、境栽花壇でも、傾斜した土手や石ころだらけの土地でも、窓台に載せる植木箱でもハンギングバスケットでも、そしてもちろん鉢でもすくすく育った。四方を壁に囲まれた狭い庭でも育つ高山性品種もある。１９２０年代から30年代にかけて、オールウッド兄弟は、自分たちの鉢植えナデシコを直接販売するために、ウールワースという大手小売店チェーンと契約を結んだ。当時ウールワースは郊外住宅の庭向けの種子や苗木を扱うもっとも一般的な直販店だった。根がむき出しになった苗か種の状態で植物が売られていた時代に、それは革命的な発想だった。園芸用品店が生まれ、大衆に「にわか庭園」の魅力を訴えるようになるのは何十年もあとの話だ。１９３０年代にブームになった新築郊外住宅には、どの家にも小さな前庭

多くの国で、現代のカーネーション栽培はここ数十年ほとんど変わっていない。

がかならずついていてナデシコを植えるにはもってこいだった。やはりパーペチュアル・カーネーションの栽培に理想的な、素人栽培家向け温室の価格が下がったことも、会社の驚異的成長の追い風になった。会社はさらに拡大し、クレイトン、バージェスヒル、ヘンフィールド、のちにはハソックスといったサセックス州の小さな村々の経済を支えるまでになった。

これらの村に住んでいた多くの女性が、自分の父親や夫の雇用主であるナデシコやカーネーションと同じ名前を名乗っていたことだろう。モンタギュー・オールウッドは、自分が開発した花に女性の名前をつけることを好んだ。繊細な女性らしい要素をさりげなくつけ加えることで、花の売上げを伸ばそうとしたのだろう。初代のオールウッディ・ナデシコは「メアリー」という名前だった。「メアリー」は、「スーザン」（淡いライラック・モーブの花）、「エレナー」、そして型破りな「ア

1936年のアイディアル・ホームショー、オールウッド兄弟によるカーネーションの庭。

ーサー」の親株になった。とはいえ、あらゆる園芸用ナデシコの中でもっとも人気だったのは、ラズベリー・レッドの目を持つ半八重咲きの花、「ドリス」だった。当初モンタギューは、ほかの栽培種に似すぎているという理由でこの花を却下した。そのためあやうく堆肥の山に消えてしまうところだったが、現場にいた責任者がこの花には救う価値があると考えて種苗店で育て続けた。二度目の出会いで、モンタギューはこの花にすっかり魅了され、こんなすばらしいナデシコを見たのははじめてだと言い、1945年に発売するにあたり妻の名を取って「ドリス」と命名した。まさにそれは絶好のタイミングだった。当時、イギリス全土の郊外住宅に住む園芸家たちは、5年間の戦争と「戦時菜園《ディッグ・フォー・ビクトリー》」キャンペーンのため荒廃した庭にふたたび花を植えるのだと躍起になっていた。残念ながら名前には流行り廃れがある。いまや、「ドリス」、「エドナ」、「フリーダ」は、繊細でみずみずしい香りを漂わせる若い女性を連想させる名前ではなくなった。し

「スイート・ウィベルスフィールド」をはじめとする選ばれしナデシコたち。「アマチュア・ガーデニング」(1938年6月25日号)。

かし、こういった名前がいずれまた人気になる時代が来るかもしれない。

戦争が終わると、「ブレンハイム」、「スピットファイア」、「サンダーランド」といった愛国的な名前を持つカーネーションは、「ウィベルスフィールド・ホワイト」(「ブリタニア」の改良種)や「ウィベルスフィールド・クリムゾン」と異種交配され、サセックス州の小さな村の名前がついたカーネーションは、パーペチュアル・カーネーションの第一波が起きた大西洋の対岸に逆輸出された。

戦時中、オールウッド種苗店ではカーネーションの隣で、「戦時菜園」キャンペーン用の種を生産するエンドウ、インゲン豆、カリフラワーが栽培されていた。当時は政府の規制のもと、どの種苗店も非生産的な植物の栽培を切り詰め、代わりに戦争に勝利をもたらす食用植物を植えていた。種苗店が常備する苗を植えられるのは、敷地の10パーセントまでに制限され、温室の中であれ戸外であれ観賞用植物に充てられる面積は厳しく制限された(その年に販売される予定の植物も例外ではなかった)。戦争中は多くの種苗店が苦戦していた。ところが、愛国心が渦巻く中でもオールウッド兄弟は超然としたもので、オールウッド種苗店の「たくさん実をつける」エンドウ、タマネギの苗、雌鶏の餌になるソバまで、ありとあらゆる植物の宣伝に「オールウッド・ブラザーズ、食用植物栽培者」のキャッチコピーが添えられた。どの宣伝にも店の名物である「ナデシコ」は載っていた。こうして1943年5月、多くの人にとって生活が困難を極めた時期でも、園芸家は自分の心と庭をあかるくするために、「レインボウ・ラブリネスの4つの品種」の中から、ディアンツスの苗木をひとそろい購入することができた。ボーダー・カーネーションとナデシコは、戦時中の園芸用植物の中でもっとも人気があった草花のひとつだった。ロンドン大空襲のさなか、ラジオキャスターのセシル・ミドルトンは、「あなたの庭で」という人気番組のある回の最後でカーネーションに言及し、「みなさんの中には、カーネーションは多量の石灰を好むのでいまは栽培するのが難しいとお考えになっている方がいらっしゃるかもしれません。喜んでください。いまの状況が続けば、じきに瓦礫が山のように現われます」と発言した。ミドルトンは、台本にないこんな発言をしたことで訓戒を受けた。国民の士気が低下し、空爆の被害の実態を敵のドイツに漏らすことになると当局が考えたからだった。戦争は種苗店の株と熟練した従業員に甚大な被害をもたらした。それにもかかわらず、1950年代には、あらたにDianthus × Allwoodii「イエロー・ハンマー」が誕生した。この花は正真正銘の黄色いナデシコで、こうしてカーネーションの虹が完成した。それは種苗店が数年がかりで取り組んで完成にこぎつけた品種だった。

モンタギュー・オールウッドは、種苗店、さまざまな展示会、社交行事を往復する生活を送りながら、時間を見つけてはカーネーション栽培に関する複数の本と論文を執筆した。そこにはさまざまな古い品種の開発にまつわる歴史的トリビアや、近代以降の栽培種に関する細かい情報がおさめられている。1912年に出版された著書『永遠に咲き続けるカーネーション *The Perpetual Flowering Carnation*』の序文で（この本には、弟のジョージによる「アメリカのカーネーション栽培のシステム」という小論もおさめられている）、モンタギューはこう宣言する。「私は文学的素養のない実務的な人間に過ぎない。この本の大部分は、毎日12時間におよぶ重労働のあとに書くことを余儀なくされたものである」と。彼の野望は、「文筆家」ではなく「よき庭師」になることだった。しかしパーペチュアル・カーネーションは非常に人気があったため、彼の著作は、1912年、

1917年、1920年と、少なくとも3回重版された。1920年の版には、オールウッディだけを取り上げた章が追加されている。1920年代には、高所得者層向け雑誌「カントリーライフ」が、カーネーションに注目して、モンタギューにあらたに本を書くことを依頼した。いささか皮肉なことにその本は『万人の庭と温室のためのカーネーション Carnations for Every Garden and Greenhouse』（1926年）というタイトルだった。この本はその後、オールウッド種苗店によって、『カーネーションおよびすべてのディアンツス Carnations and all Dianthus』（1936年）、『カーネーション、ナデシコおよびすべてのディアンツス Carnations, Pinks and all Dianthus』（1947年と1954年）というタイトルで再版された。のちの版には、さまざまな品種がはじめて登場したときの物語や、モンタギューその人の人生が詳しく紹介されている。1940年、モンタギューは、ディアンツスの仕事以外の時間を利用して回想録を出版した。彼の回想は、田舎の屋敷に大勢の庭師と召使いがいたエドワード朝時代から、世界各地に花が飛行機で送られ、国内の人件費が高騰して労働者が次々と解雇される時代の直前までを生きたひとりの人間の洞察だ。オールウッド種苗店の創業から30年間の歩みを伝える貴重な資料でもある。1947年、おそらく戦争とその余波による変化に刺激を受けたのだろう、モンタギュー・オールウッドはさらに『イギリスの田舎と庭 English Countryside and Gardens』という本を著し、過ぎ去った時代と植物の未来を称賛した。一方、最後に出版された『文明の布を織る者はいない The Nobodies who Weave the Fabric of Civilisation』は、急速に変化し機械化が進む世界の中で、農村と園芸家と土地の役割を称える感動的な社会史だ。

1958年、モンタギュー・オールウッドは78歳で亡くなった。63年間を園芸に捧げた人生だった。「ショーマン」が舞台を去ると、オールウッド種苗店は2年ともたずに破産した。時代の終わりの目撃者にはなりたくない、そう思ったオールウッドの元従業員たちが連携して、愛情込めて作り出され命名された品種は引き継がれていくことになった。１９９４年に種苗店を買い取ったのは、オールウッド一族ではないが「種苗店の株」から生まれた人物だった。２０１０年、オールウッド種苗店は創業１００周年を迎えた。いまも家族経営の会社で、４００種類以上のディアンツスを育てている。その中には20世紀初頭、店を創業した三兄弟が開発した品種も多数ある。２０１２年、オールウッド種苗店の一部は、サリー州のチームに移転されたが、ウェストサセックス州のハソックスに留まっている部門もある。そこはウィベルスフィールドからわずか10キロ足らず、すべてがはじまったリヨンの小さな種苗店からは１０００キロしか離れていない。

オールウッド種苗店のナデシコと野菜の戦時中の広告。

終　章　永遠のカーネーション

1996年、食品における遺伝子組み換えの役割に関する国際的意見が一致を見ないまま、フロリジーンという企業が「ムーンダスト」というモーブ（藤色）のカーネーションを発表した。「ムーンダスト」は、その5年前の、花の青色色素の形成を司る遺伝子の分離にはじまる一連の研究開発の成果だった。国際的な切り花市場の経済規模は年間300億ドルに相当すると言われる。途方もない富を生み出すその市場の一角になんとしても食い込みたいとの思いから、フロリジーンは、青とモーブのカーネーションだけでなく、同じ色のバラやキクの生産も目指した。遺伝子組み換え技術によってこうした花を作り出した以上、自分たちには自社で開発した製品の価格を思いのままつり上げることができる。その結果、生花市場の頂点に君臨することができるだろうとフロリジーンの経営陣は予言した。カーネーションの取引だけで年間100億ドルの儲けになる。それは狙う価値のある市場だった。フロリジーンは自分たちが投資した商品を守るために、アメリカ、ヨーロ

現代のビニールハウスに守られてすくすく成長するディアンツスは、いまも心を高揚させる色彩を生み出している。

ッパ、日本、オーストラリアで特許権を利用した。彼らがやろうとしたことは、1899年にアメリカの実業家、T・W・ローソン氏が、愛する妻の名をつけたカーネーションに対して行なったこととまったく変わりない。つまり花の権利を独占しようとしたのである。自然のカーネーションとバラには、赤やピンク、まれに黄色や黄褐色がある。それは、カーネーションとバラにはもともと、これらの色を生み出すフラボノイドとカルチノイドという色素が備わっているからだ。生命科学者のように専門的なことを言えば、フラボノイドにはピンクや赤を生み出すものと青を生み出すものがある。青色のもとになるデルフィニジン色素は、シアニジンとペラルゴニジンしか持たないバラやカーネーションには自然の状態では存在しない。フロリジーンは、ペチュニアからデルフィニジンを分離し、カーネーションに移し替えることで、養苗園主と栽培家が500年試みてできなかったことを、5年でやってのけた。

フロリジーンが次に行なったことはこれに輪をかけて衝撃的だった。彼らはこの青いカーネーションに「永遠の」命を与えた。花が老化して萎《しお》れる原因となるホルモンを分離・遮断したあと、遺伝子操作を行なって老化しない植物を作り出したのだ。カーネーションは、オーストラリアから日本、イスラエルから南北アメリカ、オランダからヨーロッパ各地へといった具合に国際的に取引きされている。見た目がほとんど変わらないまま命を長く保つ能力が有利であるのは明白だ。生花産業で花瓶に活けた切り花が美しさを保っていられる期間を指す「ロング・ベース・ライフ」は、これまでもカーネーションの強みだったが、いまや、ほぼ無限に老化を遅らせることができるようになった。少なくとも、花束に期待するぶんには充分だ。それから数年のあいだに、病気への抵抗力もつけ加えられて、無敵と呼べる花が作り出された。いまでは青色、ラベンダー色、紫色の花も市場に流通している。いまや世界のほとんどの国で遺伝子の特許と認可が認められている。従来にない色、そして永遠に若々しい（なんとも羨ましい話ではないか）カーネーションは、人の手が作り出した神の花の生まれ変わりだ。宗教、芸術、文化の一翼を担ってきたカーネーションはいまや、分子科学とそれをめぐる道義的議論の最前線に立っている。

謝辞

本書の執筆を依頼し、カーネーションの歴史と、それにまつわるあらゆる驚くべき物語を探険する喜びを私に与え、予定より遅れても原稿の完成を辛抱強く待っていてくださった、リアクション・ブックス社のマイケル・リーマンに感謝申し上げたい。リアクション・ブックス社で編集補佐を務めるエイミー・ソルターも、つねに辛抱強く力になってくださった。友人で、園芸史家の同僚キャロライン・ホームズは、19世紀のポンソール男爵の情熱あふれる華麗な心情吐露の（喉から手が出るほど欲しかった）翻訳を提供してくれた。そしてただでさえ見過ごしがちな、カーネーションに関する細々とした民間伝承を教示してくれた。キャシー・スティーブンソンは、カーネーションとナデシコの料理に関する知識を教えてくれた。ロンドンの庭園博物館のフィリップ・ノーマンは、これまでどおり、本の構想段階において執筆のヒントとなる幅広いイメージを提供してくれた。そしてスザンナ・ジェイズはそのアイデアを前進させてくれた。

訳者あとがき

本書『カーネーションの文化誌』は、イギリスの出版社Reaktion Booksから刊行されているBotanicalシリーズの一冊です。このシリーズでは、花や樹木をテーマに、その文化的・社会的な影響が広い観点から取り上げられています。著者のトゥイグス・ウェイは園芸史に強い関心を持つ著述家・研究者です。植物の持つ意味や象徴性について、園芸はもちろん絵画や文学などにも光をあてながら探究することに情熱を傾け、18世紀と19世紀の女性植物画家をテーマにした講演も行なっています。本書においてもカーネーションが登場する絵画について、雑誌に掲載されたイラストなどを含めて40点以上を紹介しています。ラファエロの「カーネーションの聖母」、ミヒャエル・オステンドルファーの自画像、ファンタン＝ラトゥールのカーネーションの絵などは、画集やインターネットでも閲覧が可能なので、本書でつまびらかにされたカーネーションの宗教的・世俗的象徴性などを考えながらご覧いただければ幸いです。

日本では、高貴な印象の強いバラに比べて、カーネーションは比較的庶民的な花として親しまれているのではないでしょうか。しかし西欧では、古代ギリシア人によって「神の花 *Dios Anthus*」と命名されるほど、おごそかな象徴性を帯びた神聖な花でした。ディアンツス属に含まれる花がじつに多種多様であることにも驚かされます。ナポレオンの皇妃ジョゼフィーヌが所有したマルメゾンの庭園にちなんだ名を持つマルメゾン種というカーネーションは、丈は1・5メートル、花の大きさは15センチにもなるそうです。その一方、18世紀後半から19世紀にかけて、スコットランドの街ペイズリーの織物職人たちが品種改良につとめた小さく可憐なピンク（ナデシコ）もあります。職人たちが丹精したレース・ピンクという色縞の模様があるナデシコは、とても美しく愛らしい花です。

本書は、古い資料をもとに、花の栽培家たちの歴史を当事者の視点からたどるユニークな本でもあります。栽培家たちが催した花の品評会は、花の美しさを競い合うだけでなく「饗宴」も必須の娯楽イベントだったようです。花を愛でながら酒を酌み交わし、大勢で楽しく盛り上がる文化は万国共通なのだなあ、そんな感慨にひたるエピソードも盛り込まれています。

最後になりますが、カーネーションといえば、日本ではなんといっても「母の日」の花というイメージがまっさきに浮かぶことでしょう。本書でも、アンナ・ジャービスが創始した「母の日」のいわれが紹介されています。ところで、現在母に感謝を捧げる日とされている「母の日」は、おおもとをたどれば、子供たちを守ろうと立ち上がった母親たちが起源だったことはご存じでしょうか。アンナ・ジャービスが白いカーネーションを捧げた母親のアン・ジャービス（1832～1905年）は、生涯のあいだに11人の子供を出産しましたが、成人することができた子はわずか4人でした。当時は伝染病などによる乳幼児の死亡率が非常に高かったのです。わが子の死に心を痛めたアンは、衛生状態の改善が乳幼児死亡率の低下に直結することを知り、社会改革に乗り出します。地元地域の母親たちに衛生の重要性を訴える啓蒙活動を行ない、「母の日奉仕クラブ」を創設して、女性たちと連携して公衆衛生の改善につとめ、伝染病に罹患して家事育児がままならない主婦に支援を提供しました。南北戦争が勃発すると、チフスなどの伝染病が流行する野営地に赴いて敵味方の区別なく負傷兵を看病したそうです。アンの活動に感銘を受けた奴隷制度廃止運動家のジュリア・ウォード・ハウは、子供たちを戦場に送り出すことを許すまいと全世界の母親たちに訴える「母の日宣言」という詩文を発表しました。「心あるすべての女性よ、立ち上がれ！」にはじまる詩文はじつに感動的です。今年の「母の日」は、子供たちの健康と安寧を心から祈念した過去の母親たち、そしていまも同じ思いを抱いている世界中の母親たちに思いを馳せながら、カーネーションの鉢を窓辺に飾りたいと思います。

翻訳にあたっては、原書房の中村剛さん、相原結城さんにたいへんお世話になりました。心よりお礼申し上げます。本文中のシェークスピアの戯曲の台詞は、ちくま文庫「シェイクスピア全集」(松岡和子訳)を参考にさせていただきました。ここに記して感謝申し上げます。

2021年5月

竹田円

マルメゾン・カーネーション　MALMAISON CARNATION

ジム・マーシャル氏が所有するナショナル・コレクション。販売用の花も栽培されている。イギリス、サフォーク州イプスウィッチ、ハルウッドバーン、ip7 5re。

jim@malmaisons.plus.com

モンティセロ MONTICELLO

トーマス・ジェファーソン大統領の歴史的邸宅。大統領がカーネーションとナデシコを育てていた庭が保存されている。アメリカの植物史や、ジェファーソンと、ピーター・コリンソンなど植物の収集家とのあいだで交換された植物の研究も行われている。

www.monticello.org

スコットランド・スイートピー・バラ・カーネーション協会
THE SCOTTISH NATIONAL　SWEET PEA, ROSE AND CARNATION SOCIETY

スコットランド最古の園芸協会のひとつ。会員たちは新旧の品種を保存し、品評会を開催している。

www.snsprcs.org.uk

ホエットマン・ナデシコ WHETMAN PINKS

創業1936年の種苗店。ナデシコの育種と供給を行なっている。

www.whetmanpinks.com

協会およびウェブサイト

オールウッド種苗店 ALLWOOD NURSERY

1910年、オールウッド兄弟によって創業された、現存する最古のカーネーションおよびナデシコの種苗店。最初の「ソップス・イン・ワイン」、「フェザント・アイ」（17世紀より前）、「シバの女王」（17世紀）、「フェア・フォリー」（1700年）、「インチメリー」（1800年）、「ミセス・シンキンズ」（1868年）、マルメゾン、自分たちで開発した「オールウッディ」など、の歴史的に価値の高いカーネーションとナデシコの品種を多数保存している。

www.allwoods.net

イギリス・カーネーション協会 BRITISH NATIONAL CARNATION SOCIETY

年鑑、会報を発行し、品評会を主催するほか、新旧を問わず栽培種の栽培方法と発見方法について、アドバイスも行なっている。また、イギリス各地のカーネーション協会と連携している。

www.britishnationalcarnationsociety.co.uk

グラブタイ・マナー GRAVETYE MANOR

かつてウィリアム・ロビンソンが所有していた、イギリスサセックス州にあるカントリーハウスと庭園。ロビンソンは、田舎屋の庭に咲くカーネーションとナデシコの普及につとめた園芸著述家。現在は庭園を復元して高級ホテルとレストランになっている。

www.gravetyemanor.co.uk

グレートノーザン・カーネーション協会 GREAT NORTHERN CARNATION SOCIETY

1989年設立。年鑑、会報を発行、品評会を開催するほか、花の栽培および展示に関するアドバイスも行なっている。

http://thegncs.co.uk

写真ならびに図版への謝辞

著者と出版社より、図版の提供と掲載を許可してくれた関係者にお礼を申し上げる。

AKG Images: pp. 15 (British Library), 17 (Mondadori Portfolio/Antonio Quattrone), 37 (British Library), 95 (Florilegius), 129 (bilwissedition), 144 (Sputnik), 174, 177 (Florilegius), 181 (IAM), 201 (Florilegius); Alamy: pp. 31 (Sonia Halliday), 141 (Photos 12), 145 下 (dpa picture alliance); Courtesy of Allwoods: pp. 41, 123; author's private collection: pp. 23, 62, 67,149, 151, 152, 155, 184, 190, 197, 204, 211, 221, 223, 230, 231; © The Trustees of the British Museum, London: pp. 25, 32, 68, 82, 98, 101, 104, 192, 205 ; Getty Images: p. 227 (Picture Post); rex Shutterstock: p. 148 (Snap); Shutterstock: pp. 10 (ChWeiss), 11 (Bakusova), 27 (Bildagentur Zoonar GmbH), 36(AlexanderZam), 69 (Lebendkulturen.de), 99 (reitory), 136 (petrovichlili), 145上 (EvrenKalinbacak), 157 (Melissa Fague), 180 (violeta pasat), 187 (Volkova), 195上 (Kirayonak Yuliya), 229 (TanyaRusanova), 237(lynea); Spitalfields Life/ The Gentle Author: p. 73; Victoria & Albert Museum, London: pp. 19, 26, 33, 71, 97, 106, 109.

年表

紀元前2世紀	野生のカーネーションの絵が、ポンペイのファウヌの家の壁に描かれる。
1270年頃	ディアンツス・カリオフィルス、すなわち本物のカーネーションが、おそらくチュニジアからヨーロッパに伝わったと言われる。
1460年	バレンシア近郊で「カーネーション」栽培が行なわれていることをスペイン人が記録。「スペイン・ジリフラワー」と命名する。英語の本草書の中にもこの名前を使った文献がある。
1470年代	フランスでウイエ oeillet に関する最初の記録。
1475年頃	カーネーション（ディアンツス・カリオフィルス）が北ヨーロッパに伝わる。
1506～1507年	ラファエロが「カーネーションの聖母」を描く。カーネーションが愛と神性の象徴として用いられる。
1587年	イギリスで、ジョン・ジェラードによって最初の黄色いカーネーションが記録される。ポーランドから送られてきたものだった。
1632年	ウェストミンスターにあったタギー種苗店の女あるじが、「タギー親方のプリンセス」など、種苗店の「ジロフラワー」によって名声を得る。
1665年	ジョン・レイが花に関する著書で、91種類にのぼるカーネーションとナデシコを記録する。1685年にはカーネーションの種類は360種類を超えた。
1676年	トーマス・グラバーの『バージニアの記録 *An Account of Virginia*』（1676年）に、アメリカのジリフラワーとクローブ・ジリフラワーに関する言及が登場する。グラバーの本に登場するのは、農園主の庭に植えられていた「クローブ・ジリフラワー」だった。
1705年	「セキチク（ディアンツス・キネンシス）」、別名「インディアン・ピンク」の種が中国からフランスに伝わる。

1719年	パリで八重咲きのセキチクが記録される。
1720年	トーマス・フェアチャイルドが、ディアンツス・バルバトゥス *Dianthus barbatus* とディアンツス・カリオフィルスを交配させ、交雑育種（ミュール）を作り、創造における神の役割に軽率にも挑む。
1786～1807年	1786年頃、アメリカ大統領トーマス・ジェファーソンが、フランシス・エップスに送った植物のリストに、「ジロフル・ロイヤル、ジリーフラワー、ロイヤル、3月に種をまくこと。非常に美しく、稀少な花」という記述がある。トーマス・ジェファーソンがモンティチェロの庭に、フィラデルフィアの養苗園主バーナード・マクマホンから入手したセキチクの種をまく。
1792年頃	イギリスで、ナデシコが「栽培家の花」として認められる。
1822年	「栽培家の花」の栽培と品評会について記したトーマス・ホッグの本が出版される。カーネーションとナデシコに関する記述もある。
1830年代	コートにボタンホールが開けられ、ブートニエールが誕生する。ブートニエール用の花としてもっとも人気だったのは赤と白のカーネーションだった。
1857年頃	フランスでマルメゾン・カーネーションが作られる。
1868年	スラウの養苗園主チャールズ・ターナーが、「ミセス・シンキンズ」というディアンツスを世に送り出す。花を開発したのは、スラウの救貧院の監督官シンキンズ氏。妻にちなんで花を「ミセス・シンキンズ」と命名。おそらくもっとも有名なナデシコの品種となる。
1885～1886年	ジョン・シンガー・サージェントが「カーネーション、リリー、リリー、ローズ」を制作する。
1891年	アメリカ・カーネーション協会が設立される。
1892年	『ウィンダミア卿夫人の扇』の上演初日の夜、オスカー・ワイルドと彼の信奉者たちが、緑のカーネーションを胸につける。
1895年	「ミセス・T・W・ローソン」という栽培新種が開発される。この花はのちにアメリカの「ツリー」カーネーションと、イギリスのパーペチュアル・カーネーションに革命を起こ

す。

1901年	アメリカ第25代大統領ウィリアム・マッキンリーが、「幸運のカーネーション」を手放した直後に狙撃される。
1910年	イギリスのサセックス州にて、オールウッド種苗店が創業される。種苗店はオールウッディ系統のナデシコとカーネーションを次々に開発し、ディアンツスは、20世紀初頭もっとも人気の園芸植物になる。
1917年11月7日	ロシア革命勃発。以来、毎年革命記念日が赤いカーネーションで祝われる。
1936年	ロンドンで開催された「アイディアル・ホームショー」[毎年行なわれる家具、家庭用品の展示会]で、カーネーションの庭が造られる。
1965年	ロシアで社会主義を象徴する赤いカーネーションの切手が発行される。
1974年	ポルトガルのカーネーション革命。右派政権に対する軍事クーデターで、兵士の銃口にカーネーションが入れられる。
1991～1996年	フロリジーン社が花の青色色素の分離に成功、本物の青いカーネーションが誕生する。フロリジーン社は、遺伝子組み換え技術を利用して、植物が枯れる原因となるエチレンという植物ホルモンを取り除き、カーネーションの品質保持期限を延ばすことにも成功した。これによって「みずみずしい」花を、オーストラリアから日本へ、また、イスラエルやオランダの花卉生産者から国外の市場に確実に届けることが可能になった。

カーネーションのタイプと一般用語

今日、じつにさまざまな種類の植物がカリオフィルスという名前で呼ばれている。じつに多様な色、姿かたちのものがあるため、どれほど長大な本であろうと、すべてを書き記すことはできない。
——ジョン・ジェラード、『植物史』(1597年)

ディアンツスに馴染みのない方は、カーネーションおよびナデシコの、さまざまな色、模様、形を表すおびただしい用語や名前に困惑するのではないだろうか。しかも、これらの用語はえてして時代の経過とともに変化する。とくに、展示会の分類に関する種苗家の説明にその傾向が顕著だ。19世紀初頭の栽培家は、自分のコレクションをビザール、フレーク、ピコチーに分類したかもしれない。20世紀の栽培家は、パーペチュアルとマルメゾンについて議論しただろう。一方ナデシコは、単刀直入ないとこのカーネーションと共通する用語が使われることもあれば、独自の名で呼ばれることもあった。こうした用語によって記録された色や模様(あるいは栽培家たちの願望を表わす色や模様)も、時代とともに変化した。そのためある時期に完璧とされたものが、別の時期には好ましくないとみなされることもあったはずだ。以下に行なうのは、一般読者のみなさまのために、多少なりと物事を単純化し秩序をもたらそうという試みである。ただし、時代や国が変われば用語も変化することは認めていただかなくてはならないだろう。

ビザール BIZARRE:白地に連続する縦縞が入っているカーネーションの種類。通常は2色だが、3色の場合もある。よって、「スカーレット・ビザール」は、朱色(スカーレット)とえび茶色の縞が入っているもの、「ピンク・ビザール」は、ピンク色と紫色の縞が入っているもののことをいう。一時期、斑点があるものも「ビザール」と呼ばれていたことがあった。「ビザール」は、カーネーションに関する比較的古い文献に出てくることが多い。「bizard」と綴られる場合もある。

ボーダー・カーネーション BORDER CARNATION:屋外で名前の通り「境栽花壇(ボーダー)」で栽培される耐寒性のカーネーション。さまざまなタイ

プの「栽培家」の花（ビザール、ファンシー、フレークを参照）は境栽花壇で栽培されることが多かったが、通常覆いなどで保護されていた。そしてボーダー・カーネーションであっても、鉢で育てはじめるのがよいという点で、ほぼすべての著者の意見は一致している。

バースター BURSTER：マルメゾンに代表される、大輪の花を咲かせる初期の一部のカーネーションに使われていた用語。昔は、花が咲く前に萼が裂けてしまうことが多かった。バースターの反対が「ホール・ブロワー（全開）」で、かつて栽培家たちの品評会では、展示会のクラスにバースターか、ホール・ブロワーのみを受け入れると指定されることも多々あった。

セキチク CHINES(CHINA)PINK：ディアンツス・キネンシス *Dianthus chinensis*（D. シネンシス *D. sinensis* と表記する文献もある）。一年生もしくは二年生の園芸用ナデシコ。まぎらわしいことに、18世紀、中国からフランスへはじめて種が送られてきたときは「インディアン・ピンク」と呼ばれていた。

ファンシー FANCY：ビザールやフレークと同じく古い用語。白、クリーム色、アンズ色、黄色の地に、さまざまな色の斑点が不規則についたカーネーション。ドイツではこうした花もビザールと呼ばれていた。フランスでは「ファンタジー」とも呼ばれ、低く評価される場合もあった。

フレーク FLAKE：イギリスでカーネーションの栽培がはじまってから最初の数世紀、ビザールと並んで栽培家たちのあいだでもっとも人気のあった花。17世紀、栽培家で園芸家のジョン・レイは、「単色のカーネーションはほとんど評価されない。おもに価値が認められるのは、フレーク、ストライプ、パウダー（粉末状の細かい模様）だけだ」と言っている。フレークは、ビザールと異なり、白色またはクリーム色の地に、一色の縞が入っているもの。縞の色は通常、朱色、紫色、バラ色（ピンク色）で、花弁の根元から先端まで入っている。

フラマン FLAMAND：19世紀にフランスで好まれたナデシコの一種。花弁は完全に丸く、3つの色が「縦方向に」入っている。50種類が知られていたが、起源は古く、稀少な花と言われていた。カーネーション愛好家のポンソール男爵は、この花を、イギリスの栽培家が育てている「当世流行の唾棄すべき『ファンタジー』」とは対照的な花だと言っている。男爵は「ファンタジー」

を道徳的に堕落しているとみなしていた。

レース・ピンク（ナデシコ）LACED PINK：スコットランドで、とくにペイズリーの織物職人たちのあいだで人気があったことからスコットランド・ナデシコ（スコッチ・ピンク）とも呼ばれる。レース・ピンクは、白もしくはバラ色の地の部分、黒っぽい「目（中心）」の部分、そして地と色の異なる縁の部分の3つの部分に分けられる。

マルメゾン（および、パーペチュアル・マルメゾン）MALMAISON(AND PERPETUAL MALMAISON)：1850年代にフランスで誕生したマルメゾンは、19世紀末にツリー・カーネーションの一種に分類された。一般にボタンホール用の花として用いられ、エドワード朝時代に流行した。「パーペチュアル・マルメゾン」は、香りのよいパーペチュアル、もしくはマルメゾンとの交配種だったと考えられている。

マーガレット MARGUERITE：クローブの香り、フリンジ状の花弁を持つカーネーションのグループ。たくさんの花をつけるが、残念なことに切り花の寿命は短い。

ミュール MULE：ふたつの種の交雑育種で、種で子孫を増やす能力のないもの。

ペインテッド・レディ PAINTED LADY：お化粧した貴婦人のように花弁の下側が白く、上側が赤、ピンク、紫色のカーネーションもしくはナデシコ。色が中央に集中している場合もある。一時期、展示会用の品種だったが、19世紀に入ってから顧みられなくなったようだ。

パナシュト PANACH'T(PANACHED)：ジョン・イーブリンによれば（1693年）、チューリップまたはカーネーションの用語で「奇妙な縞模様があり、華やかな鳥の大羽のようにいくつかの色に彩られている」もの。18世紀中頃には、フレークやビザールに取って代わられた。

パーペチュアル・カーネーション PERPETUAL CARNATION：1842年頃にフランスで、その後、1860年代に入ってからアメリカとイギリスで開発が進められた品種。1年のうち、かなり長期にわたって花が咲き続ける。よって、

当初は本当に「永遠に花が咲き続けた《パーペチュアル》」わけではない。大輪の花をつける栽培種もある。おもに温室で栽培され、ブーケなどに用いられる。

フェザント・アイ・ピンク PHESANT EYE PINK：19世紀初頭のアメリカの種のカタログで見つかった種類。この名前は、17世紀末にイギリスで進化したナデシコの大きなグループについて用いられていた。花の中心に黒っぽい斑点があること、すべての花弁ののこぎり状の縁に、輪郭のぼやけた不均等な帯があるのが特徴。のこぎり状でない花びらのものは、イギリスではレース・タイプに分類された。

ピコチー PICOTEE：語源はフランス語の picoutee、picoté。花弁が丸く、縁に地と異なる色の帯があるカーネーションの種類（帯の幅は狭いものも広いものもある）。当初、地の色が黄色いものは珍重された。展示会用の花は、さらに色や模様の厚みによって分類されていた。「黄色い地」のピコチーは、19世紀に入ってからも非常に人気があった。ウィリアム・ロビンソンは（『イギリスの花園 *The English Flower Garden*』で）、ピコチーには、花弁いっぱいに細かい斑紋があるのがよいとしているが、斑紋を欠点とする初期の定義と矛盾する。「縁のある」花について、最初に言及しているのは、『栽培家便覧 *The Florist's Vade-Mecum*』(1682年)だが、古い時代のものは花弁の縁がギザギザだった。

ナデシコ pink：カーネーション（*Dianthus caryophyllus*）とは異なる種で、園芸用のナデシコは、ディアンツス・プルマリウス *Dianthus plumarius*［和名タツタナデシコ］が改良されたもの。ただし、ディアンツス・スペルブス *Dianthus superbus*［和名エゾカワラナデシコ］（花弁がフリンジ状のナデシコ）などとの交雑種形成から生まれたものもある。たとえば、*Dianthus* × *Allwoodii* ほか、幅広い種および栽培種は原種から開発された。

ルモンタン・カーネーション REMONTAMT CARNATION：「繰り返し咲く」という意味のフランス語 remontant からその名がついたルモンタン・カーネーションは、すでに18世紀半ばに登場し、「マヨネーズ・カーネーション」と呼ばれていたようだ。しかし、世間に広く知られるようになったのは、1830年頃からで、パーペチュアル・カーネーション開発に貢献した。

セルフ SELF：この言葉は使われる時代によって意味が異なる。単色のカーネーション、ピンク色のカーネーション、あるいは地の色と模様の色がまったく同じカーネーションという意味で用いられる。

スプレー・カーネーション SPRAY CARNATION：20世紀中頃にアメリカで開発された系統。1年を通じて開花し、ひとつの茎に複数の花をつける。ツリー・カーネーションも参照。

ツリー・カーネーション TREE CARNATION：最初は（19世紀中頃から後半にかけて）、パーペチュアル・カーネーションの別称で、とくにアメリカで使われていた言葉。1950年代から60年代にかけて、アメリカで誕生したあらたな系統のカーネーションを指す言葉としてふたたび使われるようになった。これらは、ほとんどのパーペチュアルと違って、文字通り一年中花を咲かせる。やはり1本の茎に複数の花をつけることから、「スプレー・カーネーション」とも呼ばれるようになった。

注

第1章　神の花

1　ディアンツス・イノドルス［香りがないという意味］（現在のディアンツス・シルウェストリス）を同定したのはフランドル地方の植物学者マティアス・デ・ロベル（1538～1616年）である。

2　W. Jashemski and F. Meyer, eds, *The Natural History of Pompeii* (Cambridge, 2002), p. 108.

3　Steven Bailey, *Carnations, Perpetual-flowering Carnations, Borders and Pinks* (London, 1990).

4　A. Hill, 'Henry Nicholson Ellacombe (1822–1916), Canon of Bristol, Vicar of Bitton and Rural Dean: A Memoir', *Country Life* (1919), p. 74.

5　Ibid.

6　Ibid., p. 131.

7　Bailey, Carnations, p. 175; Eleanour Sinclair Rohde, *The Story of the Garden* (London, 1932), p. 42.

8　ヨハネス・リュエリウス、すなわちジャン・リュエル、もしくはジャン・ド・ラ・リュエル（1474～1573年）は、フランスの植物学者にして医者。おもな著作は、1536年に刊行された、古典文献を基にした植物学に関する論文『植物誌』である。古代のスタイルとフォーマットを踏襲している。

9　Bailey, Carnations, p. 175.

10　Baron de Ponsort, *Monographie du Genre Oeillet et principalement de l'œillet flammand*, 2nd edn (Paris, 1844).

11　香料の目録に含まれるのは、そのほかに、カンゾウ、ガジュツ、ナツメグ、セテワレ。ガジュツは、ショウガに似た根を持ちエールに入れられた。A. Mayhew and W. Skeat, *A Concise Dictionary of Middle English: From ad 1150 to 1580* (London, 1888) より。

12　Penelope Hobhouse, *Plants in Garden History* (London, 1997), p. 75.

13　La Teseida, Boccaccio Cod 2617 fol. 53 (オーストリア国立図書館、ウィーン).

14　大英図書館 Ms Add 38126 f.110.

15　Rohde, *The Story of the Garden*, p. 125.

16　聖母子、1490年頃、ディルク・ボウツ、王室礼拝堂、グラナダ／Scala。
17　Lucia Impelluso, *Nature and Its Symbols* (Los Angeles, ca, 2003), p. 115.
18　Ibid.
19　William Turner, *A New Herball* (London, 1551–68).
20　ヤン・ファン・エイク、「カーネーションを持つ男の肖像」、1463年頃、美術史美術館、ウィーン。
21　ハンス・メムリンク、「ピンク色のカーネーションを持つ男の肖像」、1475年頃、モルガンライブラリー&ミュージアム、ニューヨーク。
22　ミヒャエル・オステンドルファー、「自画像」、1520年頃、リヒテンシュタイン美術館、ウィーン。
23　レンブラント、「ピンクのカーネーションを持つ女性」、1660年代初頭、メトロポリタン美術館、ニューヨーク。
24　Alice M. Coats, *The Treasury of Flowers* (London, 1975), p. 4.
25　Rohde, *The Story of the Garden*, p. 54.
26　Hobhouse, *Plants in Garden History*, pp. 14–15.
27　Stefano Carboni, *Venice and the Islamic World 828–1797* (Paris, 2006), p. 296.

第2章　名前あれこれ

1　ヘンリー・ライト（1529～1607年）はこの本をフランス語から翻訳し（フランス語版はオランダ語から翻訳された）、そして自身の注釈を少しばかりとあたらしい木版画の挿絵を付け加えた。
2　Peggy Cornett, 'Pinks, Gilliflowers & Carnations – The Exalted Flowers', www.monticello.org, January 1998.
3　Eleanour Sinclair Rohde, *The Story of the Garden* (London, 1932), p. 86.
4　William Lawson, A New Orchard and Ga*rden with The Country Housewife's Garden* (London, 1618).
5　Henry Lyte, *A New Herball* (London, 1578).
6　Rohde, *The Story of the Garden*, p. 94.
7　John Parkinson, *Paradisi in sole, paradisus terrestris* (London, 1629), pp. 308–11.
8　Thomas Johnson, *Gerard's Herball, or General Historie of Plants*, revised and enlarged edn (London, 1633).
9　Louis Boulanger, *Jardinage des Oeillets* (Paris, 1647).

10　ジョン・レイ（1627 ～ 1705年）は、エセックス州ブレイントリー近郊のブラックノットリーという村に住む動植物学者 だった。聖職者にして博物学者かつ園芸愛好家の長い系譜に連なる最初のひとりである。17世紀中頃の騒乱の中にあって、その政治的宗教的信条により、ハンマーやイーブリン同様、毀誉褒貶の激しい人生を送った。一時期は半隠遁生活を送った。

11　Charles Ward, *The American Carnation* (New York, 1911), p. 18.

12　Penelope Hobhouse, *Plants in Garden History* (London, 1997), p. 113.

13　Sir Thomas Hanmer Bart, *The Garden Book of Sir Thomas Hanmer Bart, intro. Eleanour Sinclair Rohde* (London, 1933).1933年に出版されたこの本は、クルーイド州議会によって、1991年に限定版として再版された。

14　Murrey は、暗赤紫色――赤ワインか、ポートワイン母斑の色。

15　Rohde, *The Story of the Garden*, p. 158.

16　John Rae, *Flora or Complete Florilege* (London, 1665).

17　ジョン・ハーベイは、『イギリスの庭園』に出てくる植物を詳しく調査し、これらの植物はほぼすべて、1660年から1685年までに、すでにイギリスに入ってきたか、イギリスで開発された植物だろうと述べている。John Harvey, 'The Plants in John Evelyn's "Elysium Britannicum"', in Theresa O'Malley and J. Wolschke-Bulmahn, *John Evelyn's 'Elysium Britannicum'* (Washington, dc, 1998) を参照。

18　John Evelyn, *Elysium Britannicum or The Royal Gardens* [facsimile] (Philadelphia, pa, 2001).

19　マシュー・スティーブンソン（1654 ～ 1685年に活躍）。『いくつかの祭典から生まれた詩、あるいは、いくつかの祭典についての詩 *Occasions Off-spring. Or, Poems Upon Severall Occasions*』。この詩には「ノリッジにおける花の栽培家の饗宴にて――冠をかぶったフローラ」というタイトルがついている。詩集には具体的な日付は記されていない。

20　園芸における「スポート」とは、植物の一部に予期せぬ突然変異が生じ、その結果、ほかの植物と違う見かけになることをいう。珍重される場合も多いが、自分の品種を正しく守りたいと願う栽培家は、こうした変化を歓迎しないだろう。実際に、好ましい要素を持っているとしても、こうしたスポートは再生することが難しく、元の形に戻ってしまうことが多々ある。

21　Thomas Hogg, *A Practical Treatise on the Culture of the Carnation, Pink, Auricula,*

Polyanthus, Ranunculus, Tulip, Hyacinth, Rose and Other Flowers, 2nd edn (London, 1822).

22 皇后ジョゼフィーヌ・ド・ボアルネがピコチーの栽培に果たした役割については、第5章を参照。

第3章 神の花から異端の花へ

1 Anon, *La Culture des fleurs,* Elizabeth Hyde, 'Flowers of Distinction: Taste, Class and Floriculture in Seventeenth-century France', in Bourgeois and Aristocratic Cultural Encounters in Garden Art, 1550–1850, ed. Michel Conan (Washington, dc, 2002), p. 87より引用した。

第4章 栽培家、織物職人、小作農

1 Ruth Duthie, Florists' *Flowers and Societies Shire Histories* (Aylesbury, 1988) による引用。

2 Ibid.

3 William Hanbury, *A Complete Body of Planting and Gardening. Containing the Natural History, Culture, and Management of Deciduous and Evergreen Forest-trees; . . . also Instructions for Laying-out and Disposing of Pleasure and Flower-gardens; including the Culture of Prize Flowers, Perennials, Annuals, Biennials, &c . . .* , vol. i (London, 1770).

4 Duthie, *Florists' Flowers and Societies Shire Histories.*

5 John Claudius Loudon, *An Encyclopaedia of Gardening* (London, 1829), p. 1089.

6 'William Morris and Wallpaper Design', at www.vam.ac.uk を参照されたい。2016年4月1日にアクセスした。

第5章 王妃たちの花

1 Penelope Hobhouse, *Plants in Garden History* (London, 1997), p. 121.

2 C・F・レイエル夫人は、1957年に発表した『五感を刺激するハーブ *Herbs to Quicken the Senses*』で、ヘンリエッタ・マリア妃その人の功績を認めているようだ。しかしヘンリー・フィリップスは、自著『花の歴史 *Flora Historica*』(1824年)で、チャールズ1世の時代にジェラードがリストアップした品種は49種類で、「チャールズ1世の王妃は花をとても愛していた」と述べているに過ぎない。

3 Jean de La Quintinie, *The compleat gard'ner, or, Directions for cultivating and right ordering of fruit-gardens and kitchen-gardens with divers reflections on several parts of husbandry, in six books: to which is added, his treatise of orange-trees, with the raising of melons, omitted in the French editions*, trans. John Evelyn (London, 1693).

4 Hobhouse, *Plants in Garden History*, p. 180.

5 Thomas Hogg, *A Practical Treatise on the Culture of the Carnation, Pink, Auricula, Polyanthus, Ranunculus, Tulip, Hyacinth, Rose and Other Flowers*, 6th edn (London, 1839), p. 83.

6 H. Phillips, *Flora Historica or The Three Seasons of the British Parterre* (London, 1834), p. 54.

7 R. P. Brotherston, *The Book of the Carnation* (London, 1904).

8 フローリスの香水の広告、www.florislondon.com.

9 *The Gardener's Magazine and Register of Rural and Domestic Improvement*, vii (1831), pp. 632–4.

10 Ibid., viii (1832), p. 745.

11 ウィリアム・ウーラード氏は、1852年、妻のマーガレットに財産を残して亡くなった。1854年、ロイヤル・ウィリアムは売りに出された。*Suffolk Record Office H88/1/959* and *Ipswich Journal* (27 May 1854).

12 ウィリアムからジョージ・フィッツクラレンス（年長の婚外子）に宛てた手紙、1818年3月21日、Philip Ziegler, *King William iv* (London, 1971), p. 122による引用。

13 1838年9月、ソールズベリーおよびイギリス西部王立ダリア協会にて、協会の紋章と座右の銘、および、アデレード妃、そして協会の副後援者を務める、ラドナー、ペングローブ両公爵夫人の名前を、5000本のダリアの花で描いた高さ5・5メートルの絵が作られた。*The Gardener's Magazine and Register of Rural and Domestic Improvement*, xvi (1839), p. 683.

14 Steven Bailey, *Carnations* (London, 1982), p. 177.

15 T. H. Cook, James Douglas and J. F. McLeod, *Carnations & Pinks* (New York, 1911), p. viii.

16 British Pathé News 1925, 'The Late Queen Alexandra'.

17 Sarah Tooley, *The Life of Queen Alexandra* (London, 1902).

18 Andrew Morton, *17 Carnations: The Windsors, the Nazis and the Cover Up* (London, 2015).

19　ルイーズ・ドルレアン王女 (1812 ～ 1850年)、「カーネーション」、フィッツウィリアム美術館、ケンブリッジ、作品番号 : pd.107-1973.9

第6章　カーネーションの虹

1　Baron de Ponsort, *Monographie du Genre Oeillet et principalement de l'œillet flammand*, 2nd edn (Paris, 1844), trans. Caroline Holmes (pers. comm.).

2　'Mirrors of Washington', *Wall Street Journal,* 26 September 1924.

3　オスカー・ワイルド、*Wall Street Journal,* 2 October 1894による引用。

4　ノエル・カワード、*Noël Coward Diaries,* ed. S. Morley and G. Payn (London, 1982), p. 508.

第7章　絵画の中のカーネーション

1　エドマンド・ゴス、The Hon. Evan Charteris, *John Sargent* (London, 1927), pp. 74–5による引用。

2　Pierre-Joseph Redouté, *Choix de plus belles . . .* (Fruits and Flowers), ed. and intro. Eva Mannering (London, 1955).

第8章　頭も心もすっきりと

1　Baron de Ponsort, *Monographie du Genre Oeillet et principalement de l'œillet flammand*, 2nd edn (Paris, 1844), trans. Caroline Holmes (pers. comm.).

2　『花の西洋史事典』（A・M・コーツ著、白幡洋三郎、白幡節子訳、八坂書房、2008年刊）

トゥイグス・ウェイ（Twigs Way）
園芸史および庭園史研究家、著述家。園芸と庭園の歴史における社会的および文化的な側面に造詣が深い。著書に『菊の文化誌』（原書房）ほか，未訳の『*The Cottage Garden*（ザ・コテージ・ガーデン）』，『*A Nation of Gardeners*（ガーデナーの国）』などがある。イギリス、ケンブリッジシャー州在住。

竹田円（たけだ・まどか）
東京大学人文社会系研究科修士課程修了。訳書に『「食」の図書館　お茶の歴史』（ヘレン・サベリ著／原書房），『嘘と拡散の世紀』（ピーター・ポメランツェフ著／原書房／共訳），『かくしてモスクワの夜はつくられ、ジャズはトルコにもたらされた』（ウラジーミル・アレクサンドロフ著／白水社）などがある。

花《はな》と木《き》の図書館《としょかん》

カーネーションの文化誌《ぶんかし》

●

2021年5月23日　第1刷

著者……………トゥイグス・ウェイ
訳者……………竹田《たけだ》 円《まどか》
装幀……………和田悠里
発行者……………成瀬雅人
発行所……………株式会社原書房

〒160-0022 東京都新宿区新宿1-25-13
電話・代表 03(3354)0685
振替・00150-6-151594
http://www.harashobo.co.jp

印刷……………新灯印刷株式会社
製本……………東京美術紙工協業組合

ISBN 978-4-562-05921-8, Printed in Japan